CATARATA

MARCO COSCIONE

LICENCIADO EN CIENCIAS INTERNACIONALES Y DIPLOMÁTICAS POR LA UNIVERSIDAD DE GÉNOVA Y MÁSTER OFICIAL EN "AMÉRICA LATINA CONTEMPORÁNEA Y SUS RELACIONES CON LA UE: UNA COOPERACIÓN ESTRATÉGICA" POR LA UNIVERSIDAD DE ALCALÁ DE HENARES Y EL INSTITUTO ORTEGA Y GASSET DE MADRID. HA TRABAJADO EN COMERCIO JUSTO Y EN COOPERACIÓN CON AMÉRICA LATINA EN ITALIA, ESPAÑA, CHILE, PERÚ Y EL SALVADOR. ADEMÁS DE COLABORAR CON VARIAS REVISTAS SOBRE TEMAS LATINOAMERICANOS, HA COORDINADO LA PUBLICACIÓN DE *MICRO-HISTORIAS. SANTIAGO DEL CILE VISTA DA OTTO CASCHI BIANCHI ITALIANI* (IL SEGNO DEI GABRIELLI EDITORI, 2007).

Marco Coscione

El comercio justo

UNA ALIANZA ESTRATÉGICA PARA EL DESARROLLO DE AMÉRICA LATINA

SERIE DESARROLLO Y COOPERACIÓN
DIRIGIDA POR ENARA ECHART MUÑOZ, SILVIA PESCADOR HERNÁNDEZ
Y JOSÉ ÁNGEL SOTILLO

DISEÑO DE CUBIERTA: ESTUDIO PÉREZ-ENCISO

EL COMERCIO JUSTO.
UNA ALIANZA ESTRATÉGICA PARA EL DESARROLLO
DE AMÉRICA LATINA

ISBN: 978-84-8319-399-0
DEPÓSITO LEGAL: M-48.959-2008

ÍNDICE

INTRODUCCIÓN

HUBO UN TIEMPO EN QUE LAS NACIONES UNIDAS TRATABAN ÚNICAMENTE CON LOS GOBIERNOS. AHORA SABEMOS QUE LA PAZ Y LA PROSPERIDAD NO PUEDEN LOGRARSE SIN ASOCIACIONES QUE INTEGREN A LOS GOBIERNOS, LAS ORGANIZACIONES INTERNACIONALES, LA COMUNIDAD EMPRESARIAL Y LA SOCIEDAD CIVIL. EN EL MUNDO DE HOY DEPENDEMOS UNOS DE OTROS.

Kofi Annan, ex secretario general de la ONU

Oxímoron. Según la Real Academia Española, "combinación en una misma estructura sintáctica de dos palabras o expresiones de significado opuesto, que originan un nuevo sentido". ¿Ejemplos? Comercio justo, Economía solidaria, Finanzas éticas... ¿Utopía o realidad? Si miramos al mundo en el cual vivimos, si pensamos en la cara oscura de la globalización, si miramos la televisión, la idea de una economía más justa, una economía solidaria, nos parece de verdad muy utópica. Pero cuando apagamos la televisión, cuando empezamos a relacionarnos con el vecino, cuando empezamos a "reconquistar" los espacios públicos de nuestras ciudades, cuando tenemos la posibilidad de viajar, conocer otros países, mirar al mismo mundo desde otro punto de vista, nos damos cuenta de que la otra cara de la globalización no está nada mal. Nos enteramos de cómo estamos viviendo, de lo que poseemos y de lo que en realidad necesitaríamos. Nos damos cuenta de cómo vivimos "nosotros" en los países del Norte y de cómo viven "ellos" en los países del Sur, y entonces descubrimos lazos permanentes que deberíamos empezar a reforzar. Descubrimos nudos muy estrechos que nos impiden tejer una verdadera red, y al mismo tiempo descubrimos unos vínculos solidarios capaces de cambiar las cosas, para mitigar o incluso invertir los efectos negativos de este tipo de globalización.

El movimiento del comercio justo (en adelante CJ) es una de estas "utopías reales" o "realidades utópicas", es uno de estos oxímoron, una de las contradicciones de este mundo. Pero seguramente una "linda" contradicción. Es un movimiento que está originando "un nuevo sentido", una nueva manera de entender la producción y el consumo, una nueva manera de entender nuestros estilos de vida, seguramente privilegiados.

El CJ es una realidad reciente: fue sobre todo a partir de los años sesenta que empezó a concretizarse. En aquel entonces no era solamente un movimiento desde abajo, desde movimientos alternativos, sino que preocupaba directamente a los Gobiernos de los países más pobres que empezaban a independizarse y a no alinearse. Fue en aquellos años que, después de casi dos décadas desde la entrada en vigor de los acuerdos de Bretton Woods, los países en desarrollo (en adelante PED) empiezan a reflexionar sobre las reglas del comercio internacional y sobre la necesidad de cambiarlas. Había que crear un "Nuevo Orden Económico Internacional" que nunca se logró concretar a través de las decisiones de los Gobiernos. Sin embargo, la idea de que algo diferente era posible y la necesidad y voluntad de hacerlo realidad permanecían muy vivas y fueron recogidas por las organizaciones de la sociedad civil (en adelante SC) que consideran este cambio necesario y urgente. El objetivo de este trabajo es justamente ver cómo la SC está marcando otro tipo de relaciones entre el "viejo" y el "nuevo" continente, cómo está cambiando su papel a nivel nacional, birregional pero también a nivel mundial y finalmente ver cómo el movimiento del CJ se inserta en este panorama. Estudiar las relaciones entre Europa y América Latina a través del CJ nos permitirá analizar sus diferentes niveles: un nivel macro que se refiere al contexto y a las reglas del comercio internacional y cómo éste afecte al desarrollo de los países de América Latina; un nivel intermedio cuyo *focus* son las organizaciones de la SC, en este caso las organizaciones de CJ, sean organizaciones de productores en el Sur u organizaciones de importación y distribución en el Norte; y, por último, un nivel micro que resalta la importancia del ciudadano, y no sólo del consumidor, en este proceso de comercialización, sensibilización y desarrollo.

En el primer capítulo analizaré los principales aspectos del comercio internacional en el cual estamos inmersos y la gran contradicción que sigue bien presente en ello: el concepto de liberalización. Como veremos, desde una parte de las sociedades de este planeta (las dominantes) por un lado se sigue defendiendo la liberalización del comercio y, por el otro, se siguen aplicando políticas proteccionistas que nada tienen que ver con la idea de liberalizar. Pero sí tienen que ver con una lógica que ha caracterizado las estrategias de desarrollo de los países actualmente desarrollados desde sus iniciales industrializaciones hasta la actualidad.

Esto nos llevará a reflexionar también sobre algunos aspectos lingüísticos que siempre me llamaron la atención: ¿por qué antes se hablaba mucho más de países industrializados y ahora se habla más de países desarrollados? ¿Qué relación existe entre industrialización y desarrollo?

Éste es un tema central para todos los PED, y también para América Latina, región donde las consecuencias negativas de las diferentes estrategias de desarrollo, sean de industrialización o de liberalización, han alcanzado siempre características peculiares sobre las cuales todavía hoy en día se está especulando para ocultar el gran problema de la región: una enorme desigualdad económica, social y política. Es por esta razón que la Comisión Económica para América Latina y el Caribe de las Naciones Unidas (en adelante CEPAL) considera que "se requiere una reorientación de los patrones de desarrollo de la región en torno a un eje principal, la equidad, es decir, la reducción de la desigualdad social en sus múltiples manifestaciones. Ésta es, si se quiere, la vara fundamental para medir la calidad del desarrollo. El objetivo no puede ni debe ser otro cuando se habla en general de los países con las peores distribuciones de ingreso del mundo"[1].

¿Pueden los PED llegar a nuestros niveles de desarrollo pasando por una simple y rápida "liberalización" sin pasar por aquellos niveles de industrialización y presencia del Estado que todos los actuales países desarrollados han vivido? ¿Por qué los países desarrollados quieren convencer a los PED de que una rápida liberalización es la solución a todos los males?

Partiendo de estas preguntas, hablaré de la posición de Ha-Joon Chang, experto coreano en economía y política del desarrollo, según el cual los países desarrollados en práctica están "retirando la escalera" a los PED. ¿Por qué? ¿No está esta manera de actuar en neta contradicción con todas las declaraciones de cooperación, de lucha a la pobreza, a la desigualdad, con los Objetivos de Desarrollo del Milenio que todos los países del Norte apoyan? ¿Por qué entonces tendrían que hacerlo?

Detrás de estas actitudes hay naturalmente un incentivo económico: favorecer el desarrollo económico y social (en adelante DES) de los PED significa ceder en muchos de los privilegios económicos que han favorecido el desarrollo de los actuales países ricos y que, en cambio, han bloqueado el progreso de los actuales PED. Un total liberalismo económico estaría bien en un mundo de iguales, en un mundo donde todos los países tienen similares condiciones de partida. ¿Es así nuestro mundo? Lamentablemente no. Históricamente se han desarrollado ciertos patrones de producción y de división internacional del trabajo que han ido favoreciendo a los actuales países desarrollados y éstos, naturalmente, han defendido siempre la posición de privilegio, adquirida con la fuerza, la colonización, la imposición de ciertos estilos de vida, de ciertos patrones de consumo que parecen muy difíciles de cambiar. Sin embargo, también desde dentro, desde arriba, desde los mismos mecanismos que mueven el actual sistema económico mundial, hay muchos cambios que se pueden actuar para mejorar la posición de los países empobrecidos. Para entenderlos presentaré las propuestas del premio Nóbel por la Economía y ex presidente del Banco Mundial, Joseph E. Stiglitz, que, en su trabajo conjunto con Andrew Charlton, *Fair Trade for All* (2005), propone unas cuantas medidas que podrían aliviar los efectos negativos de la liberalización y incrementar los efectos positivos. Además, utilizaré también las propuestas de Intermón Oxfam, la ONG más grande de CJ, que en su informe "Cambiar las reglas: comercio, globalización y lucha contra la pobreza" (2002) también subraya varios aspectos de las reglas del juego que se podrían cambiar para mejorar la situación de los PED.

En el capítulo 2 veremos cómo nació el movimiento de CJ, cómo ha crecido en las últimas décadas y qué espacio ocupa en el mundo actual, en Europa, en España y en América Latina. Presentaré los principios básicos de este movimiento, y veremos cómo éstos se aplican en las relaciones entre los "consumidores solidarios" del Norte y los productores del Sur. Conoceremos los actores de esta cadena comercial y analizaremos su importancia. Nos haremos una idea de la gran potencialidad que posee el CJ y al mismo tiempo de la todavía escasa (pero creciente) influencia al interior del comercio internacional. Sin embargo, también podremos notar cómo el movimiento del CJ supo convencer a las instituciones de la Unión Europea de la importancia de tejer relaciones comerciales más justas y solidarias con los PED, y cómo estas instituciones han ido publicando, en los últimos años, una larga serie de resoluciones a favor del CJ como instrumento para alcanzar un desarrollo económico más equitativo y un desarrollo social más inclusivo. En la parte dedicada a España presentaré las dos posiciones que han llevado a la fractura interna del movimiento español y a la creación de dos grupos: uno más convencional y otro más alternativo. Veremos cuáles son las características de estos dos grupos y cuáles son los puntos de divergencia más críticos que, en general, reflejan dos visiones distintas de CJ.

En el tercer capítulo conoceremos a varias organizaciones y redes de organizaciones de CJ latinoamericanas y veremos cómo, gracias a la estrecha relación con las organizaciones de CJ del Norte, se pueda impulsar un DES desde abajo. De hecho, todas las actividades llevadas a cabo por las redes de pequeños productores del Sur pueden ser analizada mirando hacia los Objetivos del Milenio (en adelante ODM). En este sentido advertiremos cómo el CJ representa una estrategia de cooperación transversal porque apoya aquellas iniciativas que están al servicio del desarrollo de toda la comunidad donde viven los productores o campesinos, apuntando entonces a muchos objetivos y no solamente a la comercialización de los productos del Sur. Mirándolo desde esta perspectiva, el movimiento del CJ no genera efectos positivos sólo en la vida de los productores, que nunca habían logrado antes una fácil salida al comercio internacional, sino que estos efectos se repercuten en toda la comunidad. Y no es simplemente una consecuencia indirecta del mayor bienestar de sus habitantes (derivada esencialmente del pago de un precio más alto, más justo, para los productos), sino también una condición necesaria para participar en la relación comercial justa y solidaria.

Sólo forman parte del movimiento del CJ aquellas organizaciones de productores que producen respetando los derechos humanos, los derechos de sus trabajadores, los derechos de las mujeres o de las poblaciones indígenas (dos de los grupos más marginados en la realidad latinoamericana), así como causando el menor daño posible al ecosistema. Una producción respetuosa con el medioambiente es esencial para el CJ, aunque todos conocemos las dificultades que se encuentran en el momento de pensar en una producción (y sobre todo en una comercialización) cien por cien ecosostenible.

Sin embargo, siempre mirando a los ODM, veremos cómo el movimiento del CJ es necesariamente una relación a largo plazo, porque para pensar en el desarrollo sostenible hay que pensar necesariamente a largo plazo, hecho que todavía parece muy complicado, tanto en los PED como en los países desarrollados. Es llamativo que las metas del Objetivo del Milenio número 8 no tengan fecha: la meta 12 ("Desarrollar aún más un sistema comercial y financiero abierto, basado en normas, previsible y no discriminatorio") y la meta 13 ("Atender las necesidades especiales de los países menos adelantados. Se incluye el acceso libre de aranceles y cupos de las exportaciones de los países menos adelantados; el programa mejorado de alivio de la deuda de los países pobres muy endeudados y la cancelación de la deuda bilateral oficial, y la concesión de una asistencia para el desarrollo más generosa a los países que hayan expresado su determinación de reducir la pobreza"), representan dos de las bases fundamentales de las reivindicaciones y de las campañas del movimiento del CJ a nivel internacional. ¿Sería tan difícil poner una fecha concreta? No me parece... Sin embargo, para muchos PED el verdadero compromiso de los países desarrollados debería ser esto. Comercio y no ayuda, reclamaban en los años sesenta los países no alineados, y hoy en día, después del gran cambio de agenda de los años noventa en la cooperación internacional, todavía se escucha el eco de estas peticiones. Por lo menos ahora se ha firmado un compromiso, y el compromiso es "fomentar una asociación mundial para el desarrollo", y si los Gobiernos no son capaces de actuar, los ciudadanos tienen algo más para reclamar. Las sociedades civiles de todo el mundo han tomado en serio este desafío, quizá más en serio de lo que los Gobiernos de turno han hecho. En este sentido, una alianza estratégica entre las sociedades civiles euro-latinoamericanas me parece fundamental para seguir construyendo una verdadera asociación mundial para el desarrollo. En esta última parte del tercer capítulo presentaré el proyecto "Tejer el Futuro" que, nacido de una colaboración entre realidades "justas" en Italia y Argentina, está difundiendo sus frutos también en otros países europeos, como España, y prevé la difusión a nivel regional también en América Latina. Es un ejemplo concreto de cómo se podrá construir esta alianza estratégica partiendo desde abajo y uniendo los esfuerzos de muchos actores locales e internacionales.

En el capítulo 4 hablaré de las relaciones entre la SC europea y la SC latinoamericana, desde una perspectiva particular: la importancia que están poco a poco asumiendo estos nuevos actores en las relaciones entre las dos regiones y en los procesos de cumbres y encuentros birregionales hacia la tanto esperada asociación estratégica (en adelante AE). Desde que empezaron las Cumbres de Jefes de Estado y de Gobierno de América Latina y Caribe y de la Unión Europea, paralelamente se han desarrollados varios encuentros alternativos donde las organizaciones de la SC, los movimientos sociales, y dentro de éstos también el movimiento del CJ, están reivindicando un papel más importante. No se trata solamente de ser escuchados, sino también de convertirse en actores protagónicos de los procesos de cooperación y AE que, inevitablemente, llevarán a ciertos pasos adelante en el desarrollo de América Latina. La realidad histórica que estamos viviendo nos dice claramente que los Gobiernos que quieren ser realmente democráticos ya no pueden olvidarse de otro actor más, que está ganando espacio sobre todo cuando los partidos y las instituciones de esta "democracia *de jure*" están perdiendo credibilidad. Falta de credibilidad y falta de confianza por un lado, pero por el otro una gran voluntad política de construir otro mundo mejor, "otro mundo posible", o mejor dicho, otros mundos posibles. Y es la misma voluntad política que los políticos de profesión están perdiendo y que está siendo recuperada por los ciudadanos, quienes, como afirmaba el ex secretario de la ONU, Kofi Annan, también están haciendo diplomacia en un mundo globalizado y estrechamente interconectado. Muchos actores están tejiendo las relaciones entre Europa y América Latina y el movimiento del CJ es uno de ellos. ¿Qué estrategias debería llevar a cabo el CJ europeo, y en particular el CJ español, para fomentar el DES de América Latina? ¿Qué prospectivas hay para el futuro? ¿De verdad se puede cambiar algo desde abajo? Éstas son algunas de las preguntas a las cuales intentaré contestar en las conclusiones y que nos servirán para mejor entender los actuales desafíos del CJ.

NOTA

1. CEPAL (2000): *Equidad, desarrollo y ciudadanía*, Cepal, Santiago de Chile, 15.

CONCEPTUALIZACIÓN

Antes de abordar el tema de este trabajo es importante definir los conceptos centrales que utilizaré en todo el texto: desarrollo económico y social, comercio justo y sociedad civil.

Definir el DES de un país no es fácil. No voy a considerar una sola definición, más bien intentaré presentar mi idea de DES partiendo de dos definiciones que de alguna manera están conectadas y consideran el desarrollo en su aspecto multidimensional. En *Development as Freedom*, Amartya Sen concibe el desarrollo como "un proceso de expansión de las libertades reales de que disfrutan los individuos". El objetivo de esta definición es alejarse de la banal identificación del desarrollo con el crecimiento del PIB o con el aumento de las rentas personales. "Las libertades también dependen de otros determinantes, como las instituciones sociales y económicas (por ejemplo los servicios de educación y de atención médica), así como de los derechos políticos y humanos (entre ellos, la libertad para participar en debates y escrutinios públicos)... El desarrollo exige la eliminación de las principales fuentes de privación de libertad: la pobreza y la tiranía, la escasez de oportunidades económicas y las privaciones sociales sistemáticas, el abandono en que pueden encontrarse los servicios públicos y la intolerancia o el exceso de intervención de los Estados represivos"[1]. Es necesario entonces individuar las diferentes dimensiones del DES para entender qué aspectos tenemos que tener en cuenta para su definición. En el caso de países como los latinoamericanos, enormemente desiguales[2], el concepto de desarrollo no puede olvidarse de las desigualdades substanciales que existen en el acceso a todos los derechos elementales, así como a los derechos políticos, económicos y sociales. No basta con afirmar que todos somos iguales ante la ley, que todos tenemos el mismo derecho al voto o a ser elegidos, que todos podemos llegar a la misma meta. Las condiciones de partida son extremamente diferentes y hay que tener en cuenta estas diferencias al momento de plantearse las reformas político-económicas de un país. Más aún si se trata de un país en desarrollo como los latinoamericanos.

En el Primer Informe de Desarrollo Humano de 1990 se introdujo un nuevo modo de medir el desarrollo de un país a través de la combinación de varios indicadores: la esperanza de vida al nacer, el nivel de instrucción (medido con la tasa de alfabetización de adultos y la tasa combinada de matriculación a las escuelas primaria, secundaria y terciaria) y el ingreso (PIB per cápita). El índice de desarrollo humano, a pesar de sus debilidades y sus limitaciones, es un índice que puede ser utilizado por las Naciones Unidas en todos los países del mundo: dado que no todos los países disponen de los recursos necesarios para responder a índices más elaborados, el IDH puede ser un buen mínimo común denominador. Considera variables como el progreso social en educación y salud, la equidad de género, los derechos políticos y sociales, la libertad cultural y religiosa, la sostenibilidad y el consecuente compromiso ecológico, económico y social con las futuras generaciones que el simple PIB per cápita no podría representar. De ninguna manera se limita a sólo PIB para medir el desarrollo humano, dado que éste refleja solamente el promedio de los ingresos nacionales y no nos dice nada sobre la distribución de estos ingresos, cómo estos ingresos son fraccionados en el gasto social y más en general sobre el proceso de ampliación de las opciones de todas las personas, concepto central del desarrollo humano. La definición que se da en el Informe de Desarrollo Humano del año 2005 se acerca mucho a la definición de Sen: "El desarrollo humano consiste en la libertad y la formación de las capacidades humanas, es decir, en la ampliación de la gama de cosas que las personas pueden hacer y de aquello que pueden ser. Las libertades y derechos individuales importan, pero las personas se verán restringidas en lo que pueden hacer con esa libertad si son pobres, están enfermas, son analfabetas o discriminadas, si se ven amenazada por conflictos violentos o se les niega participación política"[3].

El Informe expresa claramente la prioridad de algunas condiciones, básicas, sin las cuales tampoco otras capacidades como la participación en la vida comunitaria y política de una sociedad no se pueden dar; estas condiciones son: "tener una vida larga y saludable, disponer de educación y tener acceso a los recursos necesarios para disfrutar de un nivel de vida digno"[4]. Y estas condiciones, lamentablemente, en los países de América Latina no las encontramos. El Latinobarómetro de 2005 evidenciaba cómo el porcentaje de los entrevistados que a la pregunta: "¿Qué significa para usted la democracia?" contestan con "libertad civil e individual", ha bajado, mientras que ha subido el porcentaje de los que contestan "desarrollar una economía que garantice un salario digno"[5].

En los informes del Programa de las Naciones Unidas para el Desarrollo (en adelante PNUD) también se quiere subrayar que el desarrollo humano va más allá de los ODM, pero que éstos, aunque modestos, pueden representar algo alcanzable, objetivos claros sobre los cuales es fácil ponerse de acuerdo y también es imperativo comprometerse. "Fracasar en el cumplimiento de los ODM representaría un retroceso muy importante"[6].

Encontrar una definición única de CJ tampoco resulta fácil. Primero, en el movimiento internacional del CJ se utilizan varios nombres: comercio equitativo, comercio alternativo, comercio justo, comercio solidario y no siempre está claro que todos quieran decir lo mismo. Segundo, no todas las organizaciones enfatizan en los mismos elementos del CJ.

Con el tiempo se han ido formulando varias definiciones nacionales o regionales. Sin embargo, a comienzo de este siglo las cuatro organizaciones internacionales más grandes de CJ (FLO-Fair Trade Labelling Organizations International, IFAT-International Fair Trade Association, NEWS!-Network of European Worldshops,

EFTA-European Fair Trade Association) han logrado encontrar una definición básica común. Por esta razón la siguiente definición se recuerda como la definición del grupo "FINE", el grupo de trabajo compuesto por las cuatro organizaciones de las cuales hablaré más adelante.

En diciembre de 2001, estas organizaciones concordaron en afirmar que:

> *El comercio justo es una asociación comercial que se basa en el diálogo, la transparencia y el respeto y que busca una mayor equidad en el comercio internacional. Contribuye al desarrollo sostenible ofreciendo mejores condiciones comerciales y garantizando el cumplimiento de los derechos de productores y trabajadores marginados, especialmente en el Sur. Las organizaciones de comercio justo (respaldadas por los consumidores) están comprometidas activamente y prestando su apoyo a los productores, despertando la conciencia pública y luchando por cambiar las normas y prácticas habituales del comercio internacional*[7].

Estas cuatro organizaciones son en realidad redes de organizaciones y representan a casi todo el movimiento de CJ en el mundo. Podemos decir entonces que esta definición es universalmente aceptada, aunque esto no sea el caso con respecto a los principios del CJ y a los criterios que tengan que implementar tanto los productores del Sur del mundo como las organizaciones del Norte. De estos temas hablaré más adelante cuando, en relación con el CJ en España, veremos que existen varias posturas y varias posiciones al interior del movimiento del CJ español, posiciones que se repiten también en muchos otros países europeos. Expresión de estas visiones distintas es la definición que se puede encontrar en el Manifiesto "Abriendo Espacio por un Comercio Justo", que celebra el nacimiento de un espacio más alternativo al interior del movimiento del CJ en España. Los signatarios de este manifiesto subrayan que "el comercio justo es un proceso de intercambio de productos que, respetando la naturaleza, busca repartir equitativamente los esfuerzos y los beneficios entre los participantes". Sin embargo, insistiendo que en un mundo como éste no podrá existir nunca un "comercio justo", los signatarios remarcan que "mediante la transparencia en toda la cadena buscamos la posibilidad de que todos los actores, especialmente el consumidor, puedan tomar sus decisiones responsablemente. Para ello es imprescindible reforzar la transparencia y la comunicación en todos los eslabones de la cadena comercial, reforzando el principio de confianza, básico en nuestras relaciones. También es necesario mantener una vigilancia ante el impacto de nuestras actuaciones, y no dar por supuesto que las buenas intenciones tienen por sí solas efectos positivos". En este sentido los objetivos del CJ son esencialmente dos: "por una parte, crear actores críticos en toda la cadena económica; por otra, desarrollar espacios de prácticas alternativas que se articulen en redes locales y globales facilitando las condiciones para amplias movilizaciones sociales". Además, el CJ no puede ser visto "en estrictos términos Norte-Sur, sino desde una perspectiva global de cambio en los ámbitos de la producción, el comercio y el consumo"[8].

Sin embargo, para entender lo que realmente significa CJ, tenemos que alejarnos del objeto más visible de este movimiento, que sin duda alguna es el producto, el producto que podemos comprar en una de las tiendas especializadas. El CJ es más que una simple compra: es una manera de repensar las relaciones Norte-Sur, Norte-Norte y Sur-Sur y también una manera de repensar el papel de todos nosotros, ciudadanos y consumidores, en una época en la cual el consumismo es quizá una de las cosas que más se ha globalizado y que más está adquiriendo carácter universal. Cambiar el *chip*, por lo menos durante el tiempo de lectura de este trabajo, nos facilitará la comprensión, y el uso, del mismo término de CJ.

Seguramente, el concepto más complicado de definir es "sociedad civil". No existe una definición aceptada de SC y, de hecho, hay muchos contrastes en el momento de ponerse de acuerdo sobre quién puede considerarse parte de la SC y quién no, sobre todo en el momento de considerar actores como los empresarios. Tan complicado, por un lado, es entendernos sobre el significado del término, y qué fácil parece, por el otro, caer en la tentación de utilizarlo; tan fácil que Norbert Lechner avisa sobre el uso "ingenuo" que se puede hacer del término: "Quien recurre a la sociedad civil como fórmula mágica pronto se encontrará con una fórmula vacía"[9].

Sin embrago, como el objetivo de este trabajo no es el estudio de toda la bibliografía disponible sobre SC, tampoco quiero volver hasta Adam Ferguson[10] y la idea de SC como sociedad civilizada, moderna o comercial, pero sí presentar algunas ideas que me parecen pertinentes para esta publicación.

Hay una definición mínima que dan Linz y Stepan donde la SC se refiere a "aquel espacio de la esfera pública donde grupos autoorganizados, movimientos e individuos que son relativamente autónomos del Gobierno intentan articular valores, crear asociaciones y solidaridades y avanzar sus intereses"[11].

Interesante es también la definición del Center for Civil Society (CCS) de la London School of Economics:

> *Civil society refers to the arena of uncoerced collective action around shared interests, purposes and values. In theory, its institutional forms are distinct from those of the state, family and market, though in practice, the boundaries between state, civil society, family and market are often complex, blurred and negotiated. Civil society commonly embraces a diversity of spaces, actors and institutional forms, varying in their degree of formality, autonomy and power. Civil societies are often populated by organisations such as registered charities, development non-governmental organisations, community groups, women's organisations, faith-based organisations, professional associations, trades unions, self-help groups, social movements, business associations, coalitions and advocacy group*[12].

Personalmente me referiré siempre al "conjunto organizado de actores o grupos de actores, particulares u organizados, que promueven de manera no violenta intereses, ideas o ideales comunes que indirectamente benefician a la sociedad local, regional, nacional o global. La relación entre estos actores no incluye actividades con fines de lucro o de gobierno. Todos los actores de la sociedad civil actúan de manera independiente respeto al Gobierno de turno, defienden valores democráticos y la idea de un mundo más justo, solidario y sostenible donde ellos mismos puedan jugar un papel más protagónico", porque creo que el simple perseguir un interés común entre actores no significa que estos actores estén canalizando sus esfuerzos para después ver los resultados en toda la sociedad. Y sobre todo hay que subrayar también que los defensores de estos intereses deben ser independientes del Gobierno de turno y tienen que tender a mejorar la vida de la comunidad a través de relaciones más justas, solidarias y defendiendo la sostenibilidad del medio ambiente.

Mi decisión excluye la definición más amplia que los generalistas dan de SC, una definición que se caracterizaría ante todo por "un Gobierno (Estado o autoridad pública) limitado y responsable, que opera bajo el imperio de la ley *(rule of law)*; una economía de mercado (lo que implica un régimen de empresa privada); un tejido asociativo plural (o un abanico de asociaciones voluntarias de toda índole); y una esfera pública (o de libre debate público)" y además por un "soporte comunitario determinado (quizá una nación) que, a su vez, opera en un contexto (internacional) más amplio"[13]. Entonces me acerco a un uso más limitado del término, enfatizando los elementos no gubernamentales, pero sin excluir a las esferas económicas y del Estado, que quizá a menudo se asocian simplemente al nivel gubernamental.

En este contexto no puedo dejar de citar al filósofo, historiador y político italiano Antonio Gramsci para entender bajo qué perspectiva considerar la SC. Partiendo de Hegel, Gramsci habla de la SC como de una hegemonía política y cultural de un grupo social dominante sobre toda la sociedad. La SC (donde predominan aquellos grupos que históricamente se han impuesto sobre los otros), según Gramsci, ejerce esta hegemonía a través de las llamadas organizaciones privadas (como la Iglesia, los sindicatos, las escuelas, etc.) o a través de los intelectuales. En el caso del "movimiento teórico del libre cambio... se especula inconscientemente (por un error teórico del cual no es difícil identificar el sofisma) sobre la diferencia entre sociedad política y sociedad civil y se afirma que la actividad económica es propia de la civil y la sociedad política no tiene que intervenir en su reglamentación. Pero en realidad esta diferencia es puramente metódica, no orgánica, y en la concreta vida histórica sociedad política y sociedad civil son la misma cosa"[14].

De aquí Gramsci va más allá de Hegel y considera el Estado como "Estado igual a sociedad política más sociedad civil, hegemonía fortificada de represión"[15], subrayando la gran diferencia entre

Estado y Gobierno, una diferencia que todavía hoy en día nos cuesta mucho utilizar en la práctica política. Y también subrayando cómo el Estado está compuesto por la misma SC. Pero Gramsci, al contrario de Marx, pone la SC a nivel de la "sobreestructura" y de esta manera le otorga la posibilidad de poder cambiar la estructura, es decir, el Estado, en sus varias dimensiones: políticas, económicas y culturales. Esta reflexión es muy útil en este trabajo: si en la realidad histórica analizada por Gramsci el grupo social dominante en la SC (la burguesía capitalista) dominaba también en la sociedad política y de esta manera controlaba al Estado, hoy en día parte de la llamada SC sigue perteneciendo a la estructura dominante, nacional o internacional, pero al mismo tiempo está creciendo una pluralidad de actores locales y globales capaces de cambiar los tradicionales sujetos hegemónicos en la SC y en el Estado.

Aquí no se trata de cambiar al Estado pero sí de cambiar los juegos de fuerza entre Estado y SC. Para este trabajo entonces otorgaré a la SC (en este caso la euro-latinoamericana, pero podría valer para toda la SC a nivel internacional) un papel activo, protagónico y muy importante en el cambio de las reglas del comercio internacional, de las relaciones políticas internacionales, así como de las relaciones interpersonales. En este sentido tampoco concuerdo con al posición de Pérez-Díaz, según el cual "el desarrollo de una sociedad civil internacional requiere, también, el de una autoridad pública, capaz de establecer y aplicar de manera efectiva un corpus de legislación internacional"[16], porque hoy en día estamos viviendo el surgimiento de una SC global que reacciona justo a la imposibilidad de ejercitar aquellos derechos universales que este tipo de globalización está destruyendo aún más, y que tampoco la autoridad pública internacional por excelencia, las Naciones Unidas, es capaz o tiene los medios para defender. Es una SC que quiere reformar el orden mundial existente a través de acciones que no buscan un interés particular sino global, no buscan un interés a corto plazo sino a largo plazo, acciones que no dependen de los Gobiernos de turno, que defienden valores democráticos y, sobre todo, la idea de un mundo más justo, solidario y sostenible.

NOTAS

1. Amartya Sen (1999): *Desarrollo y Libertad* (título original: *Development as Freedom*, editor Alfred, A. Knopf, Inc.), edición española consultada: Editorial Planeta, Barcelona, 2000, 19.
2. América Latina es el continente más desigual del mundo, con 13 países dentro de los primeros 20 con la distribución más desigual de los ingresos, según los datos del Informe de Desarrollo Humano 2007/2008.
3. PNUD (2005): *Informe de Desarrollo Humano. La cooperación internacional ante una encrucijada ayuda al desarrollo, comercio y seguridad en un mundo desigual*, Ediciones Mundi-Prensa, Nueva York, 2005, 20-21.
4. Ibídem, pág. 21.
5. Corporación Latinobarómetro (2005): *Informe Latinobarómetro 2005*, Santiago de Chile, 41.
6. PNUD (2005: 21).
7. Traducción propia del texto original disponible en la página web: www.befair.be/site/download.cfm?SAVE=1314&LG=1
8. Véase el Manifiesto "Abriendo Espacio por un Comercio Justo", www.espaciocomerciojusto.org
9. Norbert Lechner (1994): "La (problemática) invocación de la Sociedad Civil", *Perfiles Latinoamericanos*, nº 5, diciembre de 1994, Facultad Latinoamericana de Ciencias Sociales, México, 135.
10. Adam Ferguson: "Essay on the History of Civil Society", 1767.
11. J. Linz y A. Stepan (1996): *Problems of Democratic Transition and Consolidation*, citado en Christian Freres (ed.) (1998: 8).
12. Definición de SC del Center for Civil Society, disponible en la página web: http://www.lse.ac.uk/collections/CCS/introduction.htm
13. Víctor Pérez-Díaz (1997): *La esfera pública y la sociedad civil*, Santillana, S.A. Taurus, Madrid, 17.
14. Traducción propia de Antonio Gramsci (1930-1932), *Quaderni del Carcere*, volumen I, cuaderno 4, página 460, párrafo 71, de la edición Einaudi, Turín, 1975.
15. Ibídem, volumen II, cuaderno 6, páginas 763-764, párrafo 88.
16. Víctor Pérez-Díaz (1997: 33).

CAPÍTULO 1

EL COMERCIO INTERNACIONAL: APORTES PARA EL CAMBIO

1. LIBERALIZACIÓN DEL COMERCIO INTERNACIONAL... ¿PARA QUIÉN?

No cabe duda de que el comercio internacional puede tener muchos efectos positivos en el crecimiento económico y en el desarrollo de un país. Sin embargo, parece que este potencial se está malgastando. El régimen de comercio internacional en el cual vivimos hoy en día parece tener más desventajas que ventajas para los países del Sur. ¿Por qué? Los Gobiernos de algunos de los países más desarrollados del mundo, los que más apoyan la completa liberalización de los mercados internacionales de bienes y servicios, siguen manteniendo una doble postura con respecto a los aranceles de importación y los subsidios a determinadas producciones nacionales. Por un lado exaltan la liberalización, eliminando los aranceles y los subsidios sobre aquellos productos en la producción y comercialización de los cuales presentan una ventaja comparativa; por el otro siguen subsidiando las exportaciones y manteniendo restricciones a las importaciones de aquellos productos (sobre todo textiles y agrícolas) que no presentan ventajas comparativas. Las consecuencias negativas de esta "doble moral" la sufren cotidianamente los países del Sur, la mayoría de los cuales exportan materias primas como los productos agrícolas y manufacturas como los productos textiles[1].

En las negociaciones en el marco de la Organización Mundial del Comercio (en adelante OMC), los representantes de los países del Norte quieren convencer a los países menos desarrollados de que la rápida y simple liberalización de los mercados es conveniente per se, aunque ellos mismos sigan manteniendo restricciones o aranceles. De hecho, no existe un solo país en el mundo que no imponga alguna restricción a su comercio con el exterior[2].

Un ejemplo de esta actitud de los países del Norte es el Tratado de Libre Comercio de América del Norte (en adelante TLCAN): los Estados Unidos mantuvieron los subsidios a la agricultura local, facilitando las exportaciones hacia México y reduciendo enormemente las posibilidades de exportación de los productores mexicanos. Todo esto tiene consecuencias muy negativas para el desarrollo y el nivel de vida de las poblaciones campesinas del país centroamericano[3].

También hay que pensar que para muchos países del Sur los impuestos sobre las importaciones representan la principal fuente de ingresos para el Estado: reducir estas restricciones y aumentar otros impuestos indirectos (por ejemplo el IVA), como en muchos casos proponen los países del Norte, significaría aumentar aún más la desigualdad y la pobreza.

Cuando la evidencia empírica choca con la teoría, los que proponen soluciones ortodoxas afirman que, si el libre comercio no puede alcanzar la optimización económica, la liberalización sigue siendo la estrategia preferible porque otras políticas, que requieren más esfuerzos o son más complicadas (como por ejemplo las políticas ISI), no podrían estar al alcance de la capacidad de los funcionarios de los PED[4].

Justo después de la Segunda Guerra Mundial empezaron las negociaciones en el marco del GATT (*General Agreement on Tariffs and Trade*). El objetivo era, naturalmente, la liberalización del comercio, pero dejando prevalecer la lógica que promovía el proteccionismo en los sectores "sensibles" de aquella producción que los países desarrollados tenían que seguir protegiendo para mantenerla competitiva. Siguiendo con esta lógica, no puede extrañar que los países industrializados impusieran la perfecta liberalización de los mercados de aquellos productos "no sensibles" (como café, cacao o té), que necesitaban importar a precios baratos[5]. La antigua dependencia colonial se consagraba, de esta manera, como dependencia económica en el sistema económico internacional.

Entre los principios del GATT, para este trabajo vale la pena recordar tres: 1) la cláusula de la nación más favorecida obliga al país que la otorga a extender al país beneficiario todas las condiciones que concedió o concederá en el futuro a otro país (el más favorecido) sin necesidad de un nuevo acuerdo; 2) el principio de reciprocidad gracias al cual los países tienen derecho a exigir de otro las mismas concesiones arancelarias a las otorgadas; 3) el trato diferenciado y más favorable para los PED, que alcanzará su máxima expresión en 1968 con la adopción del Sistema Generalizado de Preferencias (SPG). Los dos primeros principios fueron duramente debatidos porque eran hijos de una lógica liberal: la igualdad de trato detrás de estos principios no considera para nada las condiciones de partida de los diferentes países. Pretender tratar de la misma manera a países profundamente desiguales lleva a profundizar en las desigualdades existentes. Estos principios no podían ser aceptados por los PED que, durante la Primera Conferencia de Naciones Unidas sobre Comercio y Desarrollo (en adelante UNCTAD) de Ginebra (1964), firmaron la "Declaración conjunta de los 77 países", que formalmente creaba el G-77, la mayor organización intergubernamental de países en vías de desarrollo en el marco de la ONU. El propósito de esta organización es "proporcionar los medios necesarios para que los países del Sur puedan articular y promover sus intereses económicos colectivos y mejorar sus capacidades de negociación conjunta en todas las principales cuestiones económicas internacionales dentro del sistema de las Naciones Unidas, y promover la cooperación Sur-Sur para el desarrollo"[6].

Se creaba así un polo de países que empezó a reivindicar cambios en el sistema internacional que se estaba consolidando: en el mismo año, 1964, estos países logran introducir en el GATT el principio de "no reciprocidad" en la parte IV del Acuerdo (Comercio y Desarrollo). De esta manera se dio la posibilidad a los países desarrollados de establecer preferencias comerciales con los PED. En la segunda UNCTAD (Nueva Delhi, 1968) se introdujo el "Sistema de Preferencias Generalizadas no recíprocas y no discriminatorias para las exportaciones de productos manufacturados y semifacturados de los PED", que dará vida al trato diferenciado hacia los países más desfavorecidos[7]. Hoy en día, el artículo XVIII[8] del tratado ofrece a los PED un trato diferenciado para, de alguna manera, defender su menor fuerza económica.

Sin embargo, como consecuencia de la posibilidad de mantener y aumentar aranceles u otro tipo de restricción al libre comercio, el poder negociador de los países del Sur se mantenía muy escaso. De esta situación pudieron aprovecharse sólo los grandes, como India, China y Brasil, para los cuales el comercio internacional no era más que una de las componentes que habrían sostenido el gradual crecimiento económico y el desarrollo.

El GATT todavía no liberalizaba (para todos) el comercio de los productos de la industria textil ni tampoco los productos agrícolas, sobre los cuales se firmaron acuerdos separados y mucho menos liberales: las políticas de los países desarrollados "son efectivamente discriminatorias porque las barreras más serias siguen existiendo contra bienes —productos agrícolas elaborados o no, bienes de consumo de baja intensidad tecnológica o laboral— en la producción de los cuales los países menos desarrollados tienen una ventaja comparativa"[9].

Después de haber alcanzado el trato diferenciado, los PED siguieron con sus batallas, sobre todo a través de la UNCTAD. En los primeros años setenta se vino formulando la agenda por un "Nuevo Orden Económico Internacional" que debería estar fundado sobre tres pilares: a) el cambio de las reglas del comercio internacional desde el punto de vista económico y político, a través de la plena participación de los PED en la elaboración de los nuevos principios (trato preferente y no reciprocidad antes que todo); b) una mayor autonomía económica para complementar y potenciar las economías de los PED (comercio para el desarrollo); c) un tipo de desarrollo "autocentrado" que mire hacia las necesidades y los recursos domésticos, y la cooperación regional[10].

Los mercados de las materias primas ocuparían un lugar central en este nuevo orden: se lanzó la idea de un Programa Integrado de Materias Primas para mantener los precios estables y remunerativos para los productores del Sur, sin olvidarse de los consumidores del Norte. La creación de un Fondo Común tendría que haber amortiguado las variaciones de precio en el mercado internacional. El experimento duró poco: la hostilidad de los países desarrollados y la mala cooperación entre los PED (sobre todo entre Asia por un lado y África y América Latina por el otro) llevaron al fracaso[11].

En el Tokio Round (1973-1979)[12], el número de participantes en las negociaciones de la OMC creció mucho, pero será en los años ochenta cuando los PED estarán más involucrados en las negociaciones económicas internacionales. En 1986 empezó el Uruguay Round: en el marco de las negociaciones entraron también los servicios, los derechos de propiedad intelectual y las medidas para las inversiones. A cambio de aceptar esta agenda más amplia, los países menos desarrollados habrían tenido un mejor acceso a los mercados del Norte. ¿Fue así para todos? En realidad sólo los países más fuertes del Sur aprovecharon estas nuevas liberalizaciones, para los demás la consecuencia de este *round* fue un empeoramiento de los niveles de bienestar: "*During 1995-2001 the results of the Uruguay Round of the GATT (General Agreement on Tariffs and Trade) are expected to increase global income by an estimated $212-$510 billion – gains from greater efficiency and higher rates of return on capital, as well as from the expansion of trade... the least development countries stand to lose up to $600 million a year, and Sub-Saharan Africa $1.2 billion*"[13].

La doble moral de los países del Norte seguía como antes: los productos de alta intensidad laboral permanecen fuertemente protegidos. Las barreras arancelarias de los productos agrícolas seguían siendo más elevadas que para los productos manufactureros[14]. En el año 2000 los subsidios a la agricultura en los países de altos ingresos estaban estimados alrededor de 245 mil millones de dólares, cinco veces más el nivel de todas las ayudas internacionales para el desarrollo[15]. El nivel de los subsidios a los productores agrícolas en los países de la OCDE aumentó en el bienio 2001-2003, y se ha mantenido alrededor de un 31 por ciento del *Producer Support Estimate* (PSE), estimación de apoyo a los productores como porcentaje de la renta agraria: en términos absolutos los subsidios en los países de la OCDE aumentaron desde 227.955 millones de dólares en 2001 hasta 257.285 millones en 2003[16]. "La estructura arancelaria post Uruguay Round penaliza los PED porque sus exportaciones están concentradas en productos cuyo mercado está altamente restringido"[17]; además, la producción de productos no elaborados, junto a las profundas asimetrías en las informaciones sobre mercados y capitales y los escasos recursos nacionales, limita las inversiones de los países del Sur en mejoras tecnológicas, bajando el esfuerzo de modernización de la industria nacional. Es un continuo círculo vicioso. También en el ámbito de los servicios, los países desarrollados dejaron de lado aquellos servicios que no necesitan de una alta especialización pero sí de gran intensidad de trabajo: dicho de otra manera, los servicios donde los países del Sur mantienen una ventaja comparativa.

En fin, este panorama de liberalización comercial nos lleva a una pregunta muy simple: ¿quién se beneficia de este tipo de liberalización?

Como subraya la UNCTAD[18], el fracaso de las negociaciones del Uruguay Round estaba ligado a unos errores de fondo, relacionados con una percepción de la liberalización universal del comercio que todavía no ha cambiado:

1. Esta percepción se basa sobre los conceptos de "universalidad" y "uniformidad" que no pueden aplicarse tan sencillamente a las condiciones de desarrollo, de industrialización, a las capacidades tecnológicas o a las características estructurales de países tan diferentes como los desarrollados y los subdesarrollados. La teoría de las ventajas comparadas no es estática, los recursos (como los trabajadores) no están fijados y totalmente empleados, los mercados no siempre funcionan bien y tampoco se puede hablar siempre de situaciones de competencia perfecta.
2. Los sostenedores más ortodoxos de la liberalización perciben erróneamente la "teoría de la protección a la industria naciente"[19] como sinónimo de las sustitución por importaciones y del rechazo del comercio internacional y, asumiendo que las políticas ISI hayan fracasado *per se*, afirman que la liberalización universal del comercio es la única respuesta. Sin embargo, se olvidan de que los actuales

países desarrollados también han pasado por periodos de industrialización con un papel de Estado muy fuerte.

3. Si el objetivo del OMC es la liberalización del comercio, sus reglas y negociaciones (como hemos visto arriba) sufren de varias contradicciones: para las materias primas y los productos que necesitan el empleo de mucha mano de obra, el comercio no está liberalizado, y además los países desarrollados utilizan medidas *antidumping* como forma de proteccionismo, por ejemplo, contra los productos textiles.
4. La percepción de los intereses de los PED en liberalizar el comercio: ¿quién se beneficia más, por ejemplo, de una rápida liberalización de los servicios? ¿Dónde se concentran las grandes transnacionales? ¿Cuál es uno de los países con más déficit comercial y más potente del mundo?

En 1999 la OMC decidió reunirse en Seattle para intentar un nuevo *round* y relanzar las negociaciones. Fue un fracaso. Pero se asistió a la victoria de un nuevo actor social: aquella parte de la opinión pública, ahora globalizada, que se manifiesta en contra de las escandalosas desigualdades entre ricos y pobres. Movimientos sociales, ONG, la red Jubilee 2000, la futura conformación del Foro Social Mundial, pidieron un cambio de las reglas del juego y también de los jugadores. Quieren participar en este cambio y quieren ser protagonistas de la sociedad mundial en construcción.

En la Cumbre del Milenio, septiembre de 2000, las Naciones Unidas dibujaron una agenda de trabajo que las comprometió, como sabemos, a ocho metas a cumplir hasta el año 2015. Poco después tuvo lugar la Conferencia Internacional sobre la Financiación para el Desarrollo (Monterrey, México, marzo de 2002) y la Cumbre Mundial sobre el Desarrollo Sostenible (Johannesburgo, Sudáfrica, agosto-septiembre de 2002).

En su discurso en la Cumbre de Johannesburgo, el entonces secretario general de las Naciones Unidas, Kofi Annan, se refirió a la SC mundial con estas palabras:

> *... A los grupos de la sociedad civil corresponde desempeñar un papel crítico, en su condición de asociados, propulsores y vigilantes. Otro tanto sucede con las empresas*

> *comerciales. Sin el sector privado, el desarrollo sostenible no será más que un sueño distante. No pedimos a las empresas que hagan algo distinto a su actividad comercial normal, sino que lleven a cabo sus actividades normales de manera diferente. El desarrollo sostenible no debe esperar a los grandes avances tecnológicos del mañana. Pueden iniciar esta labor las políticas, la ciencia y las tecnologías verdes que hoy tenemos a nuestra disposición. Mediante una acción concertada en cinco terrenos —el agua, la energía, la salud, la agricultura y la diversidad biológica—, el progreso podría ser mucho más rápido de lo que se suele creer...*[20].

Algo está cambiando y los Gobiernos del mundo ya no pueden esconderse detrás de promesas incumplidas. La SC global es más capaz y tiene más recursos para reivindicar justicia económica y social. La globalización está favoreciendo el crecimiento de este nuevo actor mundial que reivindica otro tipo de globalización, más justa, más equitativa, más representativa, menos excluyente.

Se llega así al mes de noviembre de 2001, cuando sólo dos meses después del 11-S los representantes de 140 naciones se encontraron en Doha, Qatar, para empezar un nuevo *round*. Aquí se firmó un nuevo compromiso internacional que parecía acercarse más a las necesidades de los países del Sur.

En la Declaración Ministerial se afirmaba:

> *... El comercio internacional puede desempeñar una función de importancia en la promoción del desarrollo económico y el alivio de la pobreza. Reconocemos la necesidad de que todos nuestros pueblos se beneficien del aumento de las oportunidades y los avances del bienestar que genera el sistema multilateral de comercio. La mayoría de los miembros de la OMC son PED. Pretendemos poner sus necesidades e intereses en el centro del Programa de Trabajo adoptado en la presente Declaración...*[21].

Sin embargo, la reiterada voluntad de acercamiento a los problemas del Sur del mundo, una vez más, no estuvo acompañada por claras medidas que ofrezcan reales beneficios (y no solamente otras obligaciones) a los PED. El *Farm Secuity and Rural Investment Act* (2002)[22] en Estados Unidos y la reforma de la PAC en la Unión Europea (2003) poco cambiaron en lo concerniente a subsidios a la producción agrícola. Los gastos de la UE para la Política Agrícola Común describen muy bien la situación[23]:

AÑO	GASTOS DE LA PAC, EXCLUIDOS EL DESARROLLO RURAL Y LAS MEDIDAS DE ACOMPAÑAMIENTO (EN MILLONES DE EUROS-PRECIOS DE 1999)
2000	40.920
2001	42.800
2002	43.900
2003	43.770
2004	42.760
2005	41.930
2006	41.660

FUENTE: UNIÓN EUROPEA.

Aunque a nivel europeo se empezaran a dar pasos adelante, la general situación de recesión en la economía mundial y la más débil cooperación interracial (a pesar de los compromisos del milenio) empeoraban el panorama y los PED no parecían dispuestos a perder otro *round*. El viejo modelo PAC chocaba con las políticas de cooperación de la UE: primero porque reducía mucho el presupuesto para las políticas de cooperación: "en 2000, cada ciudadano europeo destinó como media 276 dólares anuales de su bolsillo a la protección de la agricultura, frente a los 100 destinados a la ayuda al desarrollo"[24]. Segundo, por las consecuencias negativas en los países del Sur, de las cuales ya hemos hablado: protección de los mercados europeos, aumento en los mercados internacionales de productos europeos subvencionados, disminución del precio internacional del producto considerado, aumento de la importación por parte de los países del Sur, reducción de la producción del mismo producto en estos países y, por lo tanto, consecuentes disminuciones salariales o despidos.

En 2002 Oxfam International entregó a los jefes de Estado de la UE el premio "Doble Raseros" como mejor expresión de sus dobles posturas hacia los PED: por un lado los presionan para que liberalicen rápidamente sus mercados bajo los préstamos del FMI y del BM[25]; por el otro, siguen manteniendo políticas proteccionistas[26].

El índice de "Doble Raseros" —que considera los mercados de la Unión Europea, los Estados Unidos, Japón y Canadá— ha sido creado por Oxfam basándose en elementos como el porcentaje de las importaciones procedentes de los PED sujetas a aranceles superiores al 15 por ciento, el pico arancelario más elevado (1999), la estimación de apoyo a los productores como porcentaje de la renta agraria (1998-2000), aranceles agrarios medios, restricciones a las importaciones, arancel medio sobre textil y confección o el número de investigaciones abiertas contra PED (1995-2000)[27]. Las consecuencias de este sistema para todos los países de América Latina fueron muy importantes, la región es la más afectada por la PAC. El tema de los plátanos es quizá todavía el más actual: después de la entrada en vigor del mercado único europeo, se creó la Organización Común de Mercado del plátano, contra la cual empezaron casi desde el principio muchos ataques en el seno de la OMC. La primera "batalla" se dio en 1997 cuando la UE tuvo que modificar el original sistema de licencias y cuotas; la segunda en 1999, cuando la UE tuvo que aceptar las sanciones comerciales por parte de EE UU[28].

Después de la reforma de la PAC, con los nuevos acuerdos en el marco de la OMC y siguiendo la iniciativa *Everything But Arms*[29], la UE decidió acabar con los contingentes y estableció la introducción de un régimen de importación exclusivamente arancelario y un régimen de acceso del plátano libre de derechos, que tenían que empezar como máximo el 1 de enero de 2006. La nueva situación beneficiaría los plátanos procedentes de 48 PED, 38 de los cuales eran países ACP (African, Caribbean and Pacific Group of States). Sin embargo, no favorece a los productores latinoamericanos, sobre todo Ecuador, el mayor exportador. Después de que la OMC rechazara dos planes arancelarios para los bananos latinoamericanos (230 euros y 187 euros), la Comisión Europea bajó hasta un arancel simple de 243 dólares (176 euros) la tonelada, reduciéndose progresivamente hasta una "zona de aterrizaje" de unos 172 dólares, dentro de cinco años. Para algunos exportadores de

América Latina todavía estamos lejos de la situación ideal; para otros —como los costarricenses— las negociaciones del Acuerdo de Asociación con la UE parece puedan solucionar también los asuntos de exportaciones de frutas. Ecuador y EE UU presentaron ante la OMC una demanda por la sistema europeo de importación de banano, y la OMC falló ya dos veces en favor de Ecuador y ahora también en favor de EE UU. La "guerra del banano" todavía no ha terminado.

También con el azúcar el régimen de la PAC era deletéreo para los países latinoamericanos, sobre todo Brasil, México y Guatemala que presentan producciones más eficientes: el azúcar era uno de los productos europeos más protegidos. En abril de 2005, después de una larga lucha encabezada por Brasil, la OMC declaró que las políticas azucareras de la UE (los subsidios y el *dumping* de excedentes subsidiados) contravienen las reglas de la OMC (Intermón Oxfam, 2005). "La fortaleza de la posición comunitaria era engañosa y poco sostenible, ya que su producción descansa en un sistema que sitúa los precios internos a niveles dos o tres veces superiores a los del mercado internacional. Pero la situación no es muy distinta de la de Estados Unidos, también exportador neto, pero donde a diferencia de la UE, las producciones han aumentado, y el sector del azúcar sigue altamente intervenido"[30].

La reforma de la PAC prevé para la carne de vacuno (que interesa sobre todo a Brasil y Argentina) "una disminución de la ayuda real al mercado... pero, como contrapartida, se les concederán ayudas directas a la renta (por cabeza de ganado)"; la organización del sector de los productos lácteos seguirá "basándose en la intervención y el almacenamiento público de mantequilla y leche desnatada en polvo, así como en algunos regímenes de ayuda y en ciertas medidas especiales de comercialización"; en cultivos herbáceos se "prevé que la ayuda directa a los cereales y el maíz para ensilaje aumente, en dos etapas, de 54 a 63 euros. En cambio, las ayudas directas a las semillas oleaginosas y a las de lino no textil se irán reduciendo progresivamente, hasta situarlas en tres etapas, al mismo nivel que la de los cereales. Para los cultivos de proteaginosas se prevé una ayuda directa más elevada (72,5 euros por tonelada) a fin de garantizar su rentabilidad con relación a los otros cultivos herbáceos. En cuanto al trigo duro, se mantiene su régimen especial"[31]. A comienzos de este siglo, la decepción de los países del Sur se concretizó en el fracaso de la Conferencia Ministerial de Cancún, en septiembre de 2003, donde el grupo G20[32] intentó demoler el muro de defensa de los Estados Unidos y de Europa. Al no lograrlo, la mayoría de los PED decidieron abandonar la conferencia, convencidos de que "ningún acuerdo fuera preferible a un mal acuerdo"[33]. De hecho, lo que fue bautizado como "el *round* del desarrollo", en realidad no implicó ningún cambio sustancial en la lógica de negociación que estaba caracterizando las anteriores rondas.

Así, nos encontramos en una situación donde la decantada liberalización del comercio no está funcionando, y sus mayores críticos son justo los que, según los sostenedores de la misma, deberían sacar de ella más provecho: los PED. Todo esto parece convencernos de la necesidad de abrir un nuevo diálogo sobre liberalización del comercio, y un replanteamiento de las reglas que rigen el sistema de la OMC. Los mismos PED tienen que tener claro adónde quieren ir, qué papel quieren jugar en las negociaciones y cómo construir una cooperación positiva entre ellos (sobre unas bases éticas y morales) en vez de seguir poniéndose de acuerdo con un "mínimo común denominador" de sus particulares intereses. A la base de las negociaciones del comercio internacional deberían estar principios éticos (equidad, justicia, respeto a los actores en juego) y no solamente principios económicos que, como bien sabemos, utilizan la perspectiva de la eficiencia económica más que de la justicia social. La adhesión a un cualquier acuerdo debería ser libre y no directamente o indirectamente impuesta por los países más poderosos. Libre y querida por los ciudadanos del país, no solamente por los Gobiernos.

Con la llegada a la presidencia de Reagan y de la señora Thatcher, con la caída del sistema soviético y de sus países satélites y con el consenso de Washington se ha ido imponiendo el enfoque ortodoxo neoliberal, pero el enfoque heterodoxo desarrollista nunca ha desaparecido. A este propósito es muy interesante el trabajo de Ha-Joon Chang que, a través de un análisis histórico de las políticas económicas implementadas por los actuales países desarrollados en sus momentos de camino hacia la industrialización y el desarrollo, nos desmonta una series de mitos que organizaciones internacionales como el FMI, el BM, las mismas Naciones Unidas y gran parte del mundo académico, respaldado por las grandes editoriales y por los grandes medios de comunicación, siguen asegurándonos como indiscutibles al 100 por ciento, sin contarnos lo que de verdad hay detrás de estos mitos. Leyendo a Ha-Joon Chang (y muchos otros autores) nos damos cuenta de que los consejos, condicionados a préstamos del BM o del FMI, son muy hipócritas, porque provienen desde países desarrollados que en su momento de desarrollo han aplicado políticas proteccionistas, desarrollistas, de substitución de importaciones, en general de defensa de la propia industria naciente. Son las mismas políticas que ahora no se quiere que implementen los actuales PED.

Pero, entonces, ¿cómo deberían avanzar éstos hacia el desarrollo? ¿Es casualidad que los motores de la economía latinoamericana, Brasil y México, sean también los países con el mayor nivel de desarrollo industrial? Según el autor, los países desarrollados están "retirando la escalera"[34] a los PED, obligándoles a llegar al mismo desarrollo sin permitirles seguir los pasos previos que todos los países desarrollados han seguido. Según un atento estudio histórico de las estrategias de desarrollo de países como Inglaterra, Estados Unidos, Alemania, Francia, Suiza, Bélgica, los Países Bajos, Japón, Corea y Taiwán, durante los siglos XVIII, XIX y XX, Chang demuestra cómo ninguno de estos países adoptó un sistema de comercio verdaderamente libre durante sus fases de desarrollo. El proteccionismo arancelario, el primer enemigo de la OMC, fue "una herramienta política mucho más importante en el siglo XIX que en nuestra época"[35], es decir, cuando la mayoría de estos países, y otros, estaban viviendo el *boom* de sus políticas de industrialización. Ni siquiera Inglaterra que, según Fridrich List, padre de la teoría sobre la industria naciente, en su recorrido hacia el desarrollo "fue en realidad el primer país en perfeccionar el arte de la promoción de la industria naciente"[36]. Chang defiende la posición de List según la cual "el libre comercio es beneficioso entre países con niveles similares de desarrollo industrial... pero no entre países con diferente niveles de desarrollo"[37]. Beneficiar a los exportadores de materias primas en las economías de los PED, a largo plazo no significa beneficiar al desarrollo del país entero. Si fuera así todos los países latinoamericanos ya se habrían desarrollado hace tiempo.

Todos los países desarrollados, cuando estaban desarrollándose, aplicaron las que Chang llama "políticas industriales, comerciales y tecnológicas, ICT"[38], que en general miran al desarrollo de aquellos procesos productivos que suponen un mayor valor añadido. Si estos procesos nos parecen obvios para que una economía se desarrolle equilibradamente (naturalmente teniendo en cuenta las grandes diferencias entre países como los europeos y los latinoamericanos), ¿por qué —se pregunta Chang— los países avanzados intentan imponer a los actuales PED determinadas políticas económicas y también institucionales que ellos mismos no aplicaron en estadios comparables de desarrollo? Quizá sea porque "los países avanzados actúan de acuerdo a sus propios intereses cuando imponen políticas e instituciones que ellos mismos no habían usado durante su propio desarrollo pero que les resultan beneficiosas una vez que han llegado a la frontera tecnológica"[39]. Dicho de otra manera, hay un interés bien claro en "retirar la escalera" a los PED. ¿Por qué? ¿Por qué por un lado se firman los Objetivos del Milenio, que supondrían por lo menos un gasto anual de 100.000 millones de dólares, y, por el otro, se sigue gastando cuatro veces más para la guerra en Iraq? ¿Por qué los países avanzados se comprometen en ayudar a los PED a alcanzar estas metas pero siguen aplicando políticas económicas que serían beneficiosas para todos sólo en el caso que todos los países del mundo se encontraran en el mismo nivel de desarrollo? Quizá sea porque la única manera para que estos países se desarrollen implica una inversión en los patrones de consumo y de producción en nuestros países, en los países desarrollados.

El movimiento del CJ subraya este elemento, "el cambio de mentalidad", el cambio de actitud sobre todo en las relaciones Norte-Sur, un cambio que supondría bajar nuestros niveles de vida para que otros, en un planeta con recursos limitados y que se está convirtiendo en el basurero de todos los desechos de la producción mundial, suban los suyos. Un cambio para reequilibrar las enormes desigualdades que caracterizan nuestro mundo, el único que tenemos.

"Deberíamos vivir más sencillamente para que otros puedan sencillamente vivir", dice una pintada en la ciudad de Barcelona.

Partiendo de la hipótesis que es casi imposible que un día los países desarrollados se despierten todos con la misma voluntad de no pensar sólo en los propios intereses y en los intereses de sus ciudadanos (a lo cuales se sigue diciendo que es posible seguir con estos niveles de vida, es decir, de crecimiento y consumo), veamos a continuación cómo sería posible cambiar desde arriba las reglas del comercio internacional para que por lo menos se trabaje en función de los compromisos tomados a comienzos de este siglo XXI; y, finalmente, en la última parte de este trabajo, como sea posible realizar "el cambio de mentalidad" desde abajo, desde las relaciones entre las sociedades civiles, más concretamente a través del movimiento del CJ.

2. ¿CÓMO CAMBIAR LAS REGLAS DESDE ARRIBA?

En *Fair Trade for All*, Joseph Stiglitz y Andrew Charlton replantean el proceso de liberalización del comercio internacional para que sea viable también en los PED, donde las condiciones iniciales de partida son muy diferentes que las condiciones que podemos encontrar en los países desarrollados. Los autores parten del hecho que una liberalización rápida y *tout court* puede causar graves consecuencias a corto plazo y de esta manera comprometer el desarrollo sostenible a largo plazo, y, sobre todo, que hay que distinguir bien entre países ricos y pobres para implementar las políticas de liberalización de manera distinta según el caso considerado.

La "Propuesta de Acceso al Mercado" (PAM) se basa en un trato diferenciado que permita a los PED afrontar sus problemas particulares, minimizar los costes del ajuste al sistema de la OMC y seguir aprovechando del comercio Sur-Sur. Los autores agrupan los países según el PIB per cápita y proponen que los derechos y las obligaciones del comercio sean distribuidos progresivamente: de esta manera un país con un PIB mediano podrá pedir a un país más rico que le libere el acceso de los productos, mientras que tendrá que liberalizar la entrada de productos provenientes de países con un PIB más bajo que el suyo[40]. La PAM tendría la ventaja de favorecer el comercio Sur-Sur de una manera menos discriminatoria. Según las estimaciones de los dos autores, el país en vía de desarrollo con PIB mediano gozaría del acceso a mercados 303 veces más grandes de los mercados que él mismo debería abrir a los países más pobres[41]. Pero sobre todo con este tipo de liberalización los países menos desarrollados no sufrirían la invasión de productos baratos provenientes del Norte, porque en este caso son los países más desarrollados los que están llamados a liberalizarse más. Pero, claro, una pregunta surge espontánea: ¿a quién le conviene un sistema de este tipo? Si conviniera a los países más desarrollados, seguramente ya se habría puesto en marcha hace tiempo.

Hay muchas otras variables que deberían tomarse en cuenta para repensar y mejorar el sistema desde dentro (es decir, gracias a las acciones de los mismos Gobiernos), entre las cuales:

- Una verdadera Ronda para el Desarrollo no puede eludir la agricultura, porque para muchos PED es el sector vital; a este propósito los países más desarrollados y más proteccionistas como EE UU, Japón, Canadá o la UE tienen que cortar progresivamente aranceles y eliminar subsidios. Los recursos que se ahorrarían quitando los subsidios podrían ser utilizados para facilitar los ajustes en los PED[42].
- El sector agrario representa en promedio el 40 por ciento del PIB de un país en vía de desarrollo, pero sobre todo un 70 por ciento de la ocupación: aquí la liberalización debe ser aún más gradual[43].
- La liberalización real de los servicios (por ejemplo el turismo, que en los países del Sur sufre la competencia de las empresas del Norte) podría llevar muchos beneficios, dado que en algunos de los países del Sur hasta el 50 por ciento del PIB depende de los servicios. En realidad, sólo el 25 por ciento de las exportaciones mundiales de servicios proviene de un país del sur. Sin embargo, la sola liberalización o una liberalización mal hecha, si no están acompañadas por medidas que eviten el aumento de los

precios para los individuos y una adecuada asistencia técnica, no llevará a consecuencias positivas[44].

- El debate sobre la propiedad intelectual debería colmar la distancia entre países del Norte y países del Sur, y quizá sea más apropiado resolver las controversias de este ámbito en una institución como la World Intellectual Property Organization (WIPO) y no en la OMC misma[45].
- ¿Por qué estamos tan dispuestos a liberalizar el mercado de los capitales y no el mercado de la mano de obra? El análisis empírico nos dice que la liberalización temporánea de los mercados del trabajo en los países desarrollados ofrecería grandes beneficios a los trabajadores del Sur[46].
- Liberalizar el comercio genera costes de ajuste: capitales y trabajadores se mueven de una producción a otra. Pero los trabajadores no encuentran enseguida otro trabajo, y en muchos casos no lo encontrarán nunca más en el sector formal: la situación de desempleo en los países del Sur es a veces dramática y los bajos niveles de educación no ayudan la movilidad. La liberalización entonces obliga el Estado a gastar mucho más en seguridad social y asistencia a los nuevos desempleados, pero al mismo tiempo tiene que invertir en las áreas productivas afectadas una vez abiertos los mercados. Estos enormes costes repercuten en el desarrollo del país, porque los PED no disponen de los ahorros, del crédito y de la seguridad necesarios para cubrirlos. Los países más ricos deberían aumentar seriamente las ayudas a los países más pobres para que éstos puedan sostener los costes de la implementación de los nuevos acuerdos: dicho de otra manera, si los países desarrollados quieren que los menos desarrollados se liberalicen tienen que ofrecerles algo a cambio[47].
- La Ronda de Doha tiene que afrontar dos grandes obstáculos a las exportaciones desde el sur: los vínculos desde el lado de la oferta (baja capacidad productiva, carente política medioambiental, escasas infraestructuras, poca tecnología, mercados financieros imperfectos, las pocas posibilidades de desarrollar nuevas industrias y diversificar) y los estándares de

producto impuestos por los países del Norte, por ejemplo para defender (justamente) la salud, pero que obligan a los PED a enormes costos de cumplimiento[48].

- Y, finalmente, en las negociaciones deberían jugar un papel más importante las sociedades civiles, los ciudadanos organizados, sobre los cuales recaen todas las consecuencias de los acuerdos internacionales.

También Oxfam International, la ONG más grande en el movimiento del CJ, da gran importancia a la necesidad de cambiar las reglas del comercio internacional desde adentro, es decir, empezando desde el mismo sistema de la OMC. En su informe del año 2002, "Cambiar las reglas: comercio, globalización y lucha contra la pobreza", se analizan muy atentamente muchos estudios sobre el comercio internacional y sus consecuencias (positivas y negativas) sobre el DES de los países menos adelantados, confrontándolos con las realidades económicas de los países del Sur y sus relaciones con los países del Norte. En el informe se articula una agenda muy detallada de reformas con el objetivo de reorganizar el sistema del comercio internacional de una forma más equitativa.

Oxfam parte de la consideración de que el comercio internacional puede ser un buen medio para reducir la pobreza, pero que actualmente este medio se está completamente desaprovechando: con un incremento del 5 por ciento de la participación en los mercados mundiales, los PED ganarían 350.000 millones de dólares, siete veces las ayudas anuales al desarrollo[49], rompiendo la lógica que ve cómo los PED reciben solamente tres céntimos de cada dólar generado con las exportaciones internacionales[50].

Para aprovechar el comercio internacional es fundamental mejorar el acceso de los PED a los mercados internacionales: los costes causados por todo tipo de barreras comerciales (tanto en el Norte como en el Sur) representa más del doble de toda la ayuda internacional al desarrollo[51]. Para reformar las posibilidades de acceso, en el año 2002 Oxfam recomendaba:

- Reducir de forma inmediata los picos arancelarios que superan el 15 por ciento.

- Proporcionar acceso libre de impuestos y cuotas a todos los países de renta baja y menos adelantados.
- Eliminar aranceles escalonados para los productos exportados desde los PED.
- Aplicar las obligaciones del acuerdo sobre textiles y vestidos.
- Prohibir las acciones *antidumping* (resultados de subsidios o ayudas a la exportación) de los países desarrollados en contra de los intereses de los PED. En este sentido los países del Norte tienen que apoyar la creación de una Caja del Desarrollo en el Acuerdo sobre Agricultura de la OMC.
- Reconocer el derecho de los PED a proteger la seguridad alimentaria y sus sectores agrarios nacionales.
- Crear una agencia para ayudar a los PED a cumplir con los estándares de importación[52].

Para que la liberalización de los mercados en los países del Sur no se implemente de manera errónea y no aumente las fuertes desigualdades ya existentes, los préstamos del FMI o del BM (que pueden representar al mismo tiempo un ayuda al desarrollo y otra expresión de dependencia económico-financiera) no tienen que estar condicionados a la liberalización del comercio; además, a través de una evaluación de todas las liberalizaciones llevadas a cabo en los PED bajo las condiciones del FMI o del BM, los países desarrollados tendrían que estimar cuánto le correspondería para aplicar aperturas equivalentes. Finalmente, todos los Documentos Estratégicos de Lucha contra la Pobreza (DELP) deben considerar los impactos de la liberalización sobre desigualdad y pobreza: de un estudio de Oxfam sobre doce DELP, resultó que sólo cuatro mencionaban las posibles consecuencias de las aperturas comerciales, pero sólo dos proponían reformas político-económicas adecuadas para contrarrestar los efectos negativos de una rápida liberalización[53].

En este sentido, también Oxfam hace hincapié en el hecho que los países asiáticos que están teniendo éxito con la apertura hacia los mercados mundiales, en realidad no se liberalizaron rápidamente. Mientras que países latinoamericanos como Perú o Haití, que en los años noventa se liberalizaron de forma extremamente rápida (y en 2002 tenían "economías cuatro veces más abiertas que las de EE UU o Canadá")[54], sobre todo por la gran desigualdad, no se beneficiaron de la apertura comercial[55]. Además, Oxfam propone:

- La creación de una institución que intervenga y regule el mercado de las materias primas, apoyando también las reformas dentro de las empresas para que éstas empiecen a pagar un precio más justo.
- La creación de un grupo de trabajo en el marco de la OMC que se ocupe del mercado de las materias primas y su importancia en el comercio internacional[56].
- Los Gobiernos tienen que garantizar las obligaciones de los acuerdos de la OIT sobre todo en las maquilas y zonas francas, y las negociaciones en el marco de la OMC tienen que incorporar las normas de OIT.
- Las transnacionales deben realmente ser más responsables hacia los seres humanos y hacia el medio ambiente para no comprometer las generaciones presentes y futuras: hay que promover mecanismos concretos de investigación, supervisión, evaluación y fiscalización de las acciones de las transnacionales en los PED[57].
- Acabar con el modelo de propiedad intelectual de la OMC y comprometerse a respectar el derecho a la salud pública por encima de los derechos de propiedad de las patentes de los medicamentos.
- Vincular los acuerdos sobre aspectos de la propiedad intelectual relacionados con el Comercio a la Convención sobre Diversidad Biológica de Naciones Unidas y el Tratado Internacional sobre Recursos Genéticos de las Plantas para Agricultura y Alimentación, para defender la seguridad alimentaria y la biodiversidad.
- Las negociaciones del GATS deberían excluir los servicios básicos y estar orientadas a los generales objetivos de desarrollo de los PED, dejando a los Gobiernos de los países menos adelantados la posibilidad de regular las Inversiones Extranjeras Directas (IED) para proteger sus industrias incipientes[58].

También el tema de las patentes es muy importante, sobre todo si pensamos que los países industrializados prácticamente detienen el monopolio absoluto sobre la casi totalidad de las patentes mundiales[59]. Esto significa que son los países más ricos los que se pueden permitir de invertir en Investigación + Desarrollo (I+D). El 90 por ciento del I+D mundial se concentra en el Norte, un 40 por ciento de estas inversiones en EE UU, donde 50 empresas transnacionales controlan el 50 por ciento del gasto total en I+D[60].

Muy importante, y central en las actuales negociaciones de la Ronda de Doha, es también el tema de los servicios cuyos mercados se están integrando muy rápidamente en los últimos años, pero todavía presentan asimetrías muy fuertes que, naturalmente, impiden que los PED aprovechen de verdad de la liberalización. Los países desarrollados miran claramente a la presencia comercial de sus empresas en los PED, porque saben que en muchos casos se pueden imponer al Gobierno de turno sin que se les pida mucho a cambio. Defienden la libre competencia en aquellos servicios donde presentan una ventaja comparativa (sobre todo servicios financieros, compañías de seguros, compañías telefónicas, pero también en el suministro de servicios básicos como agua o electricidad) pero se oponen a través de las políticas migratorias al desplazamiento de mano de obra desde el Sur, el "servicio" que más pueden ofrecer los PED.

Particularmente preocupante está siendo en América Latina la privatización de servicios básicos como el agua, la electricidad, la salud o la educación, sectores estrechamente ligados a la justicia social, la equidad, los derechos humanos y sobre los cuales no se puede aplicar la pura lógica del libre mercado; el Estado tiene que garantizar unos estándares mínimos para proteger a sus ciudadanos. Con respecto al agua, los casos boliviano y uruguayo son muy llamativos. En Bolivia se generó la llamada "Guerra del Agua" (2000), como respuesta a la decisión del Gobierno de transferir al consorcio internacional de empresas Aguas del Tunari (encabezado por la estadounidense Bechtel) la gestión del agua en la zona de Cochabamba. Este proceso de privatización llevó a un aumento sostenido de los precios, contra la lógica que ve en la privatización el medio para proporcionar servicios más eficientes y más baratos. En

Uruguay, los movimientos sociales en defensa del agua se opusieron a la privatización y ganaron su batalla con el resultado del referéndum del año 2004.

Por todas estas razones, Oxfam recomienda que los países industrializados empiecen a permitir el desplazamiento temporal de mano de obra desde el sur, que los servicios básicos queden afuera de las normas del GATS y que los PED tengan el derecho de defender aquellos servicios fundamentales para el desarrollo nacional[61].

Sin embargo, para cambiar las reglas a nivel de la OMC hace falta también repensar en su déficit democrático que, a pesar de la estructura aparentemente democrática, es bien visible en la capacidad negociadora real de los países pobres (que no se pueden permitir una representación permanente en la sede de la OMC, y tampoco disponen de equipos de profesionales adecuadamente formados en grado de negociar con los equipos europeos o estadounidenses), así como en el poder negociador de los países económicamente más importantes. Este último aspecto hoy en día está siendo contrastado sobre todo gracias al papel de países como India, Brasil o Sudáfrica que se encuentran en una posición más favorable para negociar con los grandes. El estancamiento de la última ronda de negociaciones de la OMC refleja el creciente rol que están asumiendo ciertos PED, y las alianzas entre los países más pobres. La suspensión de julio de 2006 está permitiendo a los PED repensar una estrategia más activa para las futuras negociaciones: si por un lado podría haber países que se dejen convencer de las ofertas favorables al desarrollo, no es seguro que las medidas que se podrían tomar vayan de verdad a favor del desarrollo de todos los países menos adelantados. Más bien al contrario: presionar a los PED para que abran sus mercados agrícolas, industriales y de servicios, sin solucionar temas centrales como los derechos de propiedad intelectual relacionados con el comercio, los servicios básicos, los subsidios agrarios o la apertura temporal a la mano de obra del Sur, parece ser la postura de los grandes del Norte.

La posibilidad de un *"Doha a la carta"*, aislando las medidas para el desarrollo en vez de convertirlas en el elemento transversal de las negociaciones, podría crear un sistema de acuerdos sectoriales o plurilaterales con sólo los países interesados, llevar a la suspensión de forma indefinida de las negociaciones o poner en duda el entero sistema de la OMC[62].

Cualquiera que sea el futuro de la Ronda de Doha (que indudablemente dependerá de qué instrumentos para negociar tendrá el nuevo presidente de EE UU)[63], no cabe duda de que la falta de transparencia sobre estos procesos, tanto en los países del Norte como en los del Sur, no permite la participación de la SC. Ésta tiene que empezar a estar más presente, más informada y más partícipe también en las dinámicas comerciales que al fin y al cabo tienen consecuencias que repercuten directamente en las vidas de los ciudadanos de todos los continentes.

Para lograr un sistema comercial internacional más justo, como hemos visto, habría que replantearse las relaciones económicas internacionales. Para llegar a esto hay que empezar por las reglas del juego: sin equidad y justicias en los procedimientos que regulan la liberalización del comercio, siempre habrá desigualdad de trato. En este ámbito la transparencia y la participación de más voces son fundamentales, así como la resolución de las asimetrías que existen entre países desarrollados y subdesarrollados con respecto a las cartas que ambos pueden jugar. El sistema de resolución de las controversias es un ejemplo de estas profundas asimetrías: una de las sanciones contra las violaciones de las reglas del OMC es la imposición de nuevos aranceles o restricciones al comercio. Si El Salvador tuviera que restringir las importaciones de bienes desde los Estados Unidos, las consecuencias para los Estados Unidos no serían graves. Al contrario, si los Estados Unidos alzaran aranceles hacia las importaciones salvadoreñas, las consecuencias para el país centroamericano podrían ser muy serias. Las sanciones en este caso pueden representar una buena arma de negociación para los grandes, mientras que casi no sirven a los pequeños.

Pero mientras los Gobiernos intenten cambiar las reglas del juego desde dentro, ¿qué acciones pueden tomar los ciudadanos? ¿Qué actitud deberían tener las sociedades civiles de Europa y de América Latina para sostener un cambio desde arriba y al mismo tiempo generar un cambio desde abajo? He recordado anteriormente el caso de los bananos para analizar las relaciones entre la UE y AL. Las decisiones que se tomarán en el marco de la OMC serán claves para los países de América Latina y del Caribe interesados en esta producción: en 2002 el 80 por ciento de las exportaciones mundiales de bananos provenían desde países latinoamericanos (Ecuador, Costa Rica y Colombia sobre todo), y cerca del 30 por ciento de las importaciones mundiales están dirigidas a la UE[64]. Abrir los mercados agrícolas a estos productos podría significar un aumento considerable del crecimiento económico de estos países, pero no siempre crecimiento económico significa desarrollo.

¿Cómo se producen estos bananos en América Latina? ¿Cuáles son las condiciones de trabajo, los salarios, las actividades que dañan la salud humana y el medio ambiente? ¿Tienen los trabajadores el derecho a crear sindicatos? Éstas son sólo algunas de las preguntas que se repiten al interior del movimiento de CJ y que reflejan la necesidad de un doble trabajo para lograr una economía más justa.

De hecho, aquí podemos hablar de dos niveles de análisis: uno —macro— tiene que ver con las reglas generales del juego, con las negociaciones de los Gobiernos y sus voluntades de cambiarlas; el segundo nivel —micro— tiene que ver con los productores, los trabajadores y con los consumidores, tres pilares sobre los cuales se basa el CJ. La particularidad del movimiento de CJ, dentro los movimientos organizados de la SC, es que trabaja activamente en los dos niveles: hay quien busca un cambio de las reglas del juego y tiene la capacidad económica y los recursos humanos necesario para llevar a cabo un trabajo de *lobby*, de campañas y de información pero sin olvidarse de la venta de productos de los proyectos de cooperación y de los contactos con los productores; otros miran el asunto desde el otro punto de vista, partiendo desde abajo, replanteando las relaciones que se instauran entre el productor y el consumidor y de esta manera poco a poco cambiar la mentalidad que ha llevado a este tipo de sistema económico. Las dos estrategias se complementan y dan vida a un movimiento variopinto, diverso, multiforme y seguramente muy enriquecedor: el movimiento del CJ.

NOTAS

1. Los PED chocan con barreras a las importaciones cuatro veces mayores de las que tienen que afrontar los países del Norte, y se gastan unos 100.000 de dólares al año (el doble de lo que reciben con la ayuda internacional) para superar estas barreras (Oxfam International (2002): *Cambiar las reglas: comercio, globalización y lucha contra la pobreza*, edición en castellano editada por Intermón Oxfam, Barcelona, 9).
2. Joseph E. Stiglitz y Andrew Charlton (2005): *Commercio Equo per tutti. Come gli scambi possono promuovere lo sviluppo* (título original: *Fair Trade for All*, Oxford University Press, 2005), Garzanti Libri, Milán (2007: 45).
3. TLCAN-México: el cultivo del maíz ocupa casi la mitad de todo el territorio cultivado de México. La liberalización a través del TLCAN permitió la entrada a México del maíz norteamericano, subsidiado y por eso más barato amenazando los medios de subsistencia de 2,4 millones de agricultores mexicanos (Oxfam Internacional (2002): 136).
4. Stiglitz y Charlton (2005: 77).
5. Eduard Cantos (1998): *El porqué del comercio justo*, Icaria, Barcelona, 32-34.
6. Véase el apartado "Aims" en la página web: www.g77.org
7. Cantos (1998: 48).
8. El texto completo del artículo está disponible en la página web: www.wto.org/english/docs_e/legal_e/gatt47_02_e.htm
9. Traducción propia al español de Harry G. Johnon (1967): *Economic Policies toward Less Development Countries*, citado en Stiglitz y Charlton (2005: 87).
10. Cantos (1998: 49-51).
11. Oxfam Internacional (2002: 167-168).
12. Al término de la Ronda de Tokio, en 1979, a través de la cláusula de habilitación, se formalizó la base jurídica para las SGP que antes se concedía mediante derogación temporal del artículo XXV.5 del GATT. Sin embargo, la cláusula se vino utilizando por los países desarrollados más como una facultad propia que una obligación, y siempre en los sectores menos sensibles de la producción de los países más ricos. Un ejemplo de aplicación de las SGP son los Convenios de Lomé, un régimen preferencial que dejaba afuera los productos subsidiados por la PAC o los textiles (Cantos (1998: 53-59)).
13. UNDP (1997): *Human Development Report 1997*, Oxford University Press, Nueva York, 82.
14. Banco Mundial (2001): *Global Economic Prospects and the Developing Countries 2002*, Banco Mundial, Washington, 34.
15. Ibídem, pág. 37.
16. OCDE (2004): *OECD Agricultural Policies 2004. At a glance*, OCDE, París, 15.
17. Banco Mundial (2001: 44).
18. Shafaeddin, Mehdi (2000): "Free Trade or Fair Trade?", UNCTAD, Ginebra.
19. "Al economista alemán del siglo XIX Friedrich List (1789-1846) se le conoce como el padre de la argumentación sobre la industria naciente, la idea de que, en presencia de países más desarrollados, los países atrasados no pueden desarrollar nuevas industrias sin contar con la intervención estatal, especialmente con protección arancelaria", en Ha-Joon Chang (2002): *Retirar la escalera. La estrategia del desarrollo en perspectiva histórica* (traducción de Mónica Salomón del original *Kicking Away the ladder. Development strategy in historical perspective*, Wimbledon Publishing Company Limited), ICEI-IUDC-Los Libros de La Catarata, Madrid, 2004, 36.
20. Secretario general de las Naciones Unidas, "Discurso a la Cumbre sobre Desarrollo Sostenible", Johannesburgo, 2 de septiembre de 2002, disponible en: www.un.org/events/wssd/statements/sgS.htm

21. OMC, *Declaración Ministerial de Doha*, Qatar, 2001, disponible en la página web: www.wto.org/spanish/thewto_s/minist_s/min01_s/mindecl_s.htm
22. *"Overall, the new farm legislation increases support, extends coverage to a greater number of commodities, accentuates the link between payments and production parameters, and provides an income safety net which together, comparated to the earlier legislation, may result in reduced price risk to farmers, increased production, and lower World prices... the new Farm Act risks accentuating distortions and trade tensions and is not line with the long-term OECD policy reform objectives"*, en OCDE (2003): *OECD Agricultural Policies in OECD Countries: monitoring and evaluation 2003*, OCDE, París, 65-66.
23. Véase http://europa.eu/scadplus/leg/es/lvb/l60002.htm
24. Intermón Oxfam (2002b): "La necesidad de ser coherentes, Reforma de la PAC y PED", en www.intermonoxfam.org, 9.
25. "... El Fondo y el Banco son las armas preferidas del arsenal de los países ricos para los nuevos mercados ya que, a diferencia de las negociaciones comerciales normales, no hay que dar nada a cambio. Y parece que ningún mercado es demasiado pequeño para despreciarlo. Bajo un programa de ajuste del FMI, Haití redujo sus aranceles para el arroz del 35 al 3 por ciento en un año, lo que provocó la entrada de arroz estadounidense que acabó con el medio de vida de decenas de miles de pequeños productores de la región de Artibonite. En Jamaica, el Banco Mundial forzó la liberalización comercial como parte de un paquete de ajuste estructural, y en poco tiempo la leche en polvo de la UE dejó sin trabajo a las mujeres que trabajaban en las granjas de vacas...", en Intermón Oxfam (2002a: 7).
26. Ibídem, pág. 5.
27. Ibídem, pág. 23.
28. VV. AA. (2006): *La Reforma de la Política Agraria Común: preguntas y respuestas en torno al futuro de la agricultura*, EUMEDIA-Ministerio de Agricultura, Pesca y Alimentación de España, Madrid, 180-181.
29. Véase: http://ec.europa.eu/trade/issues/global/gsp/eba/index_en.htm
30. VV. AA. (2006: 84).
31. Véase: http://europa.eu/scadplus/leg/es/lvb/l60002.htm
32. Argentina, Bolivia, Brasil, Chile, China, Colombia, Costa Rica, Cuba, Ecuador, El Salvador, Filipinas, Guatemala, India, México, Pakistán, Paraguay, Perú, Sudáfrica, Tailandia y Venezuela.
33. Stiglitz y Charlton (2005: 109).
34. Ha-Joon Chang (2002: 38).
35. Ibídem, pág. 55.
36. Ibídem, pág. 36.
37. Ibídem, pág. 37.
38. Ibídem, pág. 43.
39. Ibídem, pág. 228.
40. Stiglitz y Charlton (2005: 143-144).
41. Ibídem, pág. 148.
42. Ibídem, pág. 310.
43. Ibídem, págs. 173-175.
44. Ibídem, pág. 169.
45. Ibídem, pág. 201.
46. Ibídem, pág. 287.
47. Ibídem.
48. Ibídem, págs. 278-284.
49. Oxfam Internacional (2002: 6).
50. Ibídem, pág. 8.

51. Ibídem, pág. 96.
52. Ibídem, págs. 119-121.
53. Ibídem, pág. 148.
54. Ibídem, pág. 126.
55. Perú: las terapias de choque promovidas por el FMI y el BM durante el Gobierno de Fujimori defendieron los intereses de los grandes importadores y procesadores de alimentos (financiadores de la campaña del presidente). Los aranceles sobre las importaciones de los productos agrarios bajaron desde un 56 por ciento hasta un 15 por ciento en 1991, las importaciones naturalmente aumentaron beneficiando los grandes importadores pero arruinando los pequeños productores de leche, arroz o maíz y las economías familiares de productos básicos. El incremento de la pobreza rural fue espectacular: los ingresos de la décima parte más pobre de la población cayó un 15 por ciento. Entre 1991 y 1997 la desigualdad en Perú aumentó de 4 puntos de Gini: uno de los aumentos más rápidos conocidos en América Latina (Oxfam International (2002: 140-141)).
56. Ibídem, pág. 170.
57. El Salvador: en el año 2000, Hermosa, madre salvadoreña que trabaja en una fábrica de ropa para marcas como Adidas, Puma o Nike, ganaba al día 7,20 dólares y tenía unos gastos mínimos de 7,68 dólares. Según la Fundación para el Desarrollo de El Salvador, un salario que permitiría una vida digna tendría que ser de 18,81 dólares al día (Oxfam International (2002: 192)). Pero no todas las IED de empresas transnacionales tienen consecuencias negativas sobre la vida de los trabajadores, lo que se necesita es una buena estrategia nacional. Es el caso de Costa Rica: abriéndose a los mercados de alta tecnología el país ganó la competencia de países como México o Brasil, atrayendo la transnacional Intel. Además de recibir fuertes inversiones en infraestructuras y telecomunicaciones, el país ha aumentado la demanda de mano de obra cualificada, incrementando de esta manera los salarios reales nacionales (Ibídem, pág. 183).
58. Oxfam Internacional (2002: 237-238).
59. En México, sólo el 1 por ciento de las patentes son presentadas por mexicanos. Fuente: Banco Mundial, "Global Economic Prospects and Developing Countries 2002", citado en Oxfam International (2002: 210).
60. Oxfam International (2002: 210).
61. Ibídem, pág. 237.
62. South Centre (2006b): *La suspensión de las negociaciones de Doha sitúa los vínculos Sur-Sur en el centro de la escena*, Ginebra.
63. "... a partir de julio pasado, fecha en la que expiró la autorización que el Congreso de Estados Unidos otorgó al presidente George W. Bush para que negociara acuerdos comerciales en bloque sin posibilidad de introducir enmiendas (Trade Promotion Authority o TPA), las negociaciones se encuentran suspendidas de forma temporal. Ningún país está dispuesto a seguir enzarzándose en agotadores y conflictivos ejercicios de diplomacia económica sabiendo que EE UU, el segundo bloque comercial mundial tras la Unión Europea, puede inundar de correcciones (o incluso rechazar) un acuerdo. Por lo tanto, hasta que no se otorgue un nuevo TPA a un nuevo presidente (y ni siquiera eso es seguro), poco o nada se avanzará en Doha. Una dificultad adicional es la actual mayoría demócrata del Congreso estadounidense, que se ha vuelto más proteccionista. Y, encima, todos los candidatos a la Casa Blanca —y, sobre todo, los demócratas, con Hillary Clinton a la cabeza— mantienen un discurso económico con tintes neoproteccionistas centrado en la pérdida de empleos por la deslocalización industrial y el *outsourcing* de servicios...", en Federico Steinberg

(2008): "La Ronda de Doha", *Foreign Policy* (edición en español, febrero-marzo de 2008), www.fp-es.org/la-ronda-doha
64. FAO (2004a): "Notas técnicas de la FAO sobre políticas comerciales, nº 3. Banano: ¿existe un régimen exclusivamente arancelario equivalente a un régimen de contingentes? Enseñanzas de análisis económicos", FAO, Roma, 2.

CAPÍTULO 2

EL COMERCIO JUSTO

1. ¿'FREE TRADE' O 'FAIR TRADE'? DESDE LOS ORÍGENES DEL MOVIMIENTO DEL COMERCIO JUSTO

Los orígenes del CJ se encuentran en Estados Unidos, donde Self Help Crafts (ahora Ten Thousand Villages)[1] empezó en 1946 importando bordados de Puerto Rico y SERRV International[2] empezó a tejer relaciones comerciales con varias comunidades pobres del Sur a finales de los cuarenta. La primera tienda de CJ se abrió en 1958 en Estados Unidos[3].

Si queremos fijar un momento determinado para dar comienzo al movimiento internacional en apoyo de un comercio con justicia, tenemos que volver atrás hasta el año 1964, cuando se celebró en Ginebra la primera sesión de la Conferencia de Naciones Unidas que daba inicio a los trabajos de la UNCTAD como entidad intergubernamental permanente de la Asamblea General de ONU. Desde el comienzo de las actividades de la UNCTAD, los llamados países no alineados, como vimos, defendieron una posición alternativa que iba más allá de la ayuda internacional. Durante la Conferencia de Delhi en 1968, estos países reclamaron más comercio y menos ayudas al desarrollo, bajo el lema *"Trade, not aid!"*[4].

A partir de este momento, pero muy gradualmente, se constituyeron redes de individuos, asociaciones u ONG que empezaron a importar productos artesanales directamente desde los productores en varios países del Sur. En 1964 Oxfam UK fundó la primera organización de CJ, mientras que en 1967 en los Países Bajos nacía la importadora S.O.S Wereldhandel (ahora llamada Fair Trade Original)[5], hasta que en 1969 se abrieron las primeras tiendas de CJ en Bélgica y Holanda.

Esta actividad comercial era al principio muy irregular, no existían verdaderas organizaciones de CJ ni redes de asociaciones a nivel nacional o continental. Las asociaciones o las redes de voluntarios aprovechaban las ferias, los encuentros solidarios, conferencias o fiestas para promover los productos del Sur. La relación comercial era completamente directa: desde el productor hasta el consumidor a través de la voluntad de personas que viajaban a menudo a los PED o que por razones de trabajo tenían canales directos con los productores y las cooperativas del Sur. Sin embargo, a lo largo de los años setenta las organizaciones de CJ empiezan a relacionarse más profundamente con movimientos sociales como las feministas, los ambientalistas o tercermundistas, pasando así por una fase de acción política más comprometida con un cambio económico y social[6].

A finales de los setenta, un vez más en Holanda, se creó la primera garantía de CJ para los consumidores: se trata de la etiqueta "Max Havelaar". El nombre de esta marca "proviene del título de un libro publicado en 1860 en el cual el autor denunciaba las injusticias en el comercio del café entre Indonesia y los Países Bajos"[7]. A partir de los años ochenta el movimiento creció más rápidamente. Nacieron y se consolidaron organizaciones que trabajan casi exclusivamente y profesionalmente en CJ. En 1987 nació EFTA (European Fair Trade Association), adquiriendo formalidad en 1990. En 1989 se creó la Asociación Internacional de Comercio Justo (IFAT), con el objetivo de crear una plataforma internacional que acogiera a las organizaciones y asociaciones del Norte y a los productores del Sur[8].

También para América Latina la década de los ochenta fue fundamental: en estos años empezó el movimiento en países como Bolivia, Ecuador, Perú y Chile, mientras que para los países centroamericanos las primeras iniciativas las encontramos ya en los años sesenta (México) y setenta. En los años setenta también empezaron las primeras experiencias en Brasil[9].

El crecimiento en los años ochenta dio vida a varias campañas de sensibilización que permitieron un mayor conocimiento por parte de los ciudadanos sobre los temas del CJ y los asuntos a ello relacionados. En los años noventa, el movimiento del CJ creció mucho y empezó a prestar más atención a la calidad de los productos, así como a nuevas estrategias de *marketing* para seguir ganando cuotas de mercado. La entrada en las grandes distribuciones será una de las nuevas (y contradictorias) estrategias. Estas estrategias llevaron a profundos debates dentro del movimiento que, como veremos para el caso español, todavía están muy vivos.

En 1994 nació NEWS, la Red de las Tiendas del Mundo Europeas (Network of European Worldshops) y, en 1997, FLO[10], la Organización Internacional del Sello de Comercio Justo que propone un sello que certifica los productos como "productos justos". Hoy en día hay tiendas, cooperativas, asociaciones y organizaciones en toda Europa y la mayoría de éstas trabajan estrechamente con ONG, asociaciones o movimientos sociales que se ocupan de la cooperación al desarrollo o de promover un cambio en las reglas del comercio internacional, pero no solamente.

Poco a poco también en América Latina se han ido formando plataformas y coordinadoras nacionales o regionales de CJ: a partir de IFAT se creó la Asociación Latinoamericana de Comercio Justo IFAT-LA, conformada por más de 40 organizaciones de la región y que también publica una periódico digital del CJ en América Latina *(Mercado Justo)*[11]. Misma importancia tienen la Coordinadora Latinoamericana y del Caribe de Pequeños Productores de Comercio Justo (CLAC), integrada por las diferentes coordinadoras nacionales latinoamericanas; la Red Latinoamericana de Comercialización Comunitaria (RELACC)[12] o la Mesa de Coordinación Latinoamericana de Comercio Justo (MCLACJ), ratificada en Porto Alegre durante el V Foro Social Mundial. Muy importante es también la experiencia de la Red Intercontinental de Promoción de la Economía Social y Solidaria (RIPESS)[13]. Estas últimas dos realidades impulsaron el primer "Encuentro de economía solidaria y comercio justo en América Latina" que tuvo lugar en Cochabamba en el año 2005 y el segundo encuentro, llevado a cabo en La Habana del 20 al 24 de febrero de 2007.

Relevantes son también las plataformas mexicanas que más tiempo llevan en el ámbito del CJ: la Coordinadora Mexicana de Pequeños Productores de Comercio Justo[14], que agrupa a 25.000 familias y más de 125.000 personas, y Comercio Justo México[15] que implementa el homónimo sello de garantía para los productos mexicanos. Además, interesantes son la experiencia brasileña del Fórum de Articulação do Comércio Ético e Solidário (FACES)[16], o la del Grupo Red de Economía Solidaria del Perú (GRESP)[17] que no solamente agrupan a organizaciones de CJ, sino también fundaciones, centros de estudios, ONG y otras organizaciones sociales ligadas a la economía solidaria. También existen realidades más pequeñas como el Comercio Justo Uruguay[18], la Red Nicaragüense de Comercio Comunitario o la Alianza Chilena por un Comercio Justo y Responsable[19] que, sin embargo, logran mantener una buena red a nivel nacional.

El movimiento más reciente es el argentino que empezó en este siglo cuando se observaban los primeros efectos de la crisis: de hecho, la red argentina se formó sólo en el año 2004, cuando las experiencias ciudadanas de búsqueda de una salida a la crisis se consolidaron. De todas maneras, el movimiento del CJ latinoamericano empieza a percibirse sobre todo a partir de los últimos años noventa y del comienzo de este nuevo siglo.

Antes de analizar más detenidamente el movimiento en ámbito europeo y español, ilustraré brevemente los principios sobre los cuales se basa el CJ para después, en el siguiente capítulo, ver cómo estos principios pueden representar un óptimo punto de partida en las estrategias para el desarrollo de los países de América Latina.

2. PRINCIPIOS Y CRITERIOS BÁSICOS DEL COMERCIO JUSTO

Naturalmente existen algunos principios básicos en el movimiento del CJ que todas organizaciones tienen que respetar. Estos principios se han definido gradualmente con la práctica de las últimas décadas y finalmente han sido resumidos por el grupo FINE en diciembre de 2001, cuando las cuatro grandes organizaciones internacionales de CJ encontraron una definición común de CJ, la que presenté en la parte conceptual de este trabajo.

La esencia del CJ es trabajar con los productores y los trabajadores marginados para ayudarles a salir de una posición de exclusión y vulnerabilidad y para que logren una posición de mayor seguridad y autosuficiencia económica a través del gradual empoderamiento hacia un papel activo en un comercio internacional más equitativo[20].

El CJ funciona a través de cuatro tipos de organizaciones estrechamente ligadas entre ellas. En los países del Sur se encuentran las *organizaciones de productores* que exportan a los países del Norte y también comercializan sus productos en el mercado interno. En este sentido existen tiendas de CJ también en los países del Sur, pero todavía no se han desarrollado mucho, sobre todo porque la idea de CJ no es tan fácil de difundir como en Europa. En los países industrializados encontramos las *importadoras* que compran el producto directamente a la organización de productores y lo distribuyen a las tiendas de CJ presentes en el Norte. Las *tiendas* de CJ que, además de vender estos productos, representan el anillo de unión con los consumidores, y finalmente las *iniciativas de sello* de CJ que han surgido como respuesta al gran crecimiento del CJ y al interés que el mercado tradicional está teniendo hacia la constitución de nuevos nichos de mercados que estaba perdiendo en favor del CJ.

Según los principios básicos de FINE las organizaciones de CJ están llamadas a *brindar apoyo financiero, técnico y de organización* a los productores y además a llevar a cabo la sensibilización y las campañas para el cambio de las reglas del comercio convencional. La relación comercial se considera como "una asociación de mutuo beneficio basada en el diálogo, la transparencia y el respeto"[21] donde las partes toman en consideración sus diferencias culturales y sus roles, facilitan informaciones para el acceso al mercado y utilizan el diálogo y el arbitraje para resolver sus conflictos. El CJ tiene que *mejorar las condiciones del comercio* a través del pago de un precio justo en el contexto regional o local (este precio no sólo tiene que cubrir los gastos de la producción, sino también hacer posible una sistema de producción más justo y ecológicamente sostenible), a través de la financiación previa (o pagos adelantados) a la cosecha o a la producción para evitar que los productores sigan endeudándose y a través de la creación de un compromiso basado en relaciones estables, de continuidad y a largo plazo.

Además, las organizaciones de CJ (tanto en el Norte como en el Sur) están llamadas a *asegurar los derechos de los productores y de los trabajadores* a través de un salario digno, unas condiciones de trabajo dignas, cumpliendo con la legislación nacional y con los estándares laborales fundamentales establecidos por la OIT[22]. Y finalmente a *promover mejoras a largo plazo* en las oportunidades económicas y sociales de los pequeños productores y los asalariados y en las prácticas medioambientales de sus organizaciones a través del fortalecimiento de la participación de los trabajadores en la toma de decisiones, promoviendo el desarrollo y la formación de los recursos humanos con especial atención para las mujeres y alentando buenas prácticas medioambientales y métodos de producción responsables y sostenibles[23].

A estos principios básicos se van sumando criterios más específicos para los tres actores de la cadena. Para analizarlos y añadir algunos criterios fundamentales a los principios básicos anteriormente mencionados, utilizaré los criterios que presenta en su página web la Coordinadora Estatal de Comercio Justo de España[24]. En cuanto a los *criterios referentes a los productores:* los grupos productores se organizarán en asociaciones, sociedades o microempresas, dependiendo del objetivo y sus actividades; la exportación a las redes del CJ no debe llevar los productores a la dependencia; las asociaciones de productores deben reproducir estructuras participativas y democráticas; los sueldos deben ser dignos pero no crear graves desigualdades con otros productores locales no ligados al CJ; el grupo de productores debe compartir informaciones sobre sus miembros y sobre los programas sociales dirigidos a toda la comunidad local; las organizaciones de CJ privilegiarán las relaciones con aquellos productores más comprometidos e involucrados en un cambio socioeconómico; el productor debe planificar la producción y la entrega del pedido sin poner en dificultad al comprador. Por los *criterios referentes a los procesos de producción:* se incentiva la manufacturación en origen, aumentando de esta manera el valor añadido del producto exportado desde el Sur; también se incentiva el uso de recursos locales y técnicas de producción medioambientalmente sostenibles y la agricultura ecológica. Respecto a los *criterios referentes a los productos:* los productos deben ser de calidad, tener las mismas características de las muestras anteriormente enviada al comprador y conservar el mismo precio hasta la entrega; cualquier cambio tiene que ser comunicado, explicado, fundamentado y el nuevo compromiso acordado entre las partes; el grupo de productor debe proporcionar toda información sobre el producto requerida por el comprador; en todo estos procesos el comprador debe aconsejar los productores y ser lo tanto flexible para acompañarlos y asistirlos técnicamente. *Criterios referentes a las organizaciones de CJ:* éstas también tienen que organizarse de manera participativa y democrática; no pueden ser organizaciones "exclusivamente comerciales", en este sentido tienen que comprometerse en promover acciones de "denuncia de las injustas relaciones comerciales internacionales"; sus actividades comerciales deben fundarse en la transparencia económica y en el carácter no especulativo y tienen que incentivar la diversificación de la producción de los productores; firme compromiso a abandonar la actividad si ésta no cumple con los criterios del CJ; en ningún caso se permitirá la venta de productos en el mercado convencional si esto utiliza el CJ simplemente como un "lavado de imagen" para esconder "prácticas comerciales ecológicas y socialmente denunciables"; fundamental es la cooperación entre las organizaciones de CJ; compromiso para la creación de un sello de garantía para aquellos productos que cumplen con los criterios de CJ. Finalmente, en cuanto a los *criterios referentes a las obligaciones de las organizaciones de CJ hacia las contrapartes del Sur, los consumidores y otras organizaciones:* transparencia en todas las actividades de CJ llevadas a cabo; máxima información para los consumidores y explícitamente prohibido utilizar publicidad engañosa; máximo respeto para las contrapartes del Sur y sus reivindicaciones; las organizaciones de CJ también tienen que promover la práctica del consumo responsable;

prefinanciamiento de los productores; cooperación entre las organizaciones de CJ a través del intercambio de informaciones, de conocimientos y el apoyo de campañas conjuntas; coordinación para ayudar a los productores, "velar por la estabilidad del comercio justo" y relacionarse constantemente con las organizaciones internacionales de CJ.

3. EL COMERCIO JUSTO EN EUROPA

> IT IS TIME TO REALIZE THAT EUROPE IS NOT JUST RUN BY EUROPEAN INSTITUTIONS BUT BY NATIONAL, REGIONAL AND LOCAL AUTHORITIES TOO AND BY CIVIL SOCIETY.
>
> Romano Prodi, ex presidente de la Comisión Europea

Poco a poco el movimiento del CJ se está expandiendo en todo el mundo y con un crecimiento constante: considerando sólo las ventas de productos, estamos a un nivel del 20 por ciento cada año a partir de 2000 y Europa constituye el mercado número uno para estos productos, cubriendo alrededor del 65 por ciento de las ventas totales, con 79.000 tiendas y 200 importadoras[25]. En 1994 la facturación total de los productos del CJ en la Unión Europea rondaba los 175 millones de euros, y en 1997 casi alcanzaba los 250 millones[26]. Con estas tasas el CJ representa uno de los mercados mundiales que más rápidamente está creciendo, y por esta razón no extraña que muchas empresas convencionales estén buscando una manera de vender productos "más justos". Productos con marcas de CJ se está vendiendo en 55.000 supermercados de toda Europa, abarcando interesantes cuotas de mercados como en el caso suizo donde el 47 por ciento de las bananas, el 28 por ciento de las flores y el 9 por ciento del azúcar son de CJ, el caso de Reino Unido donde el 20 por ciento del café y el 5 por ciento del té son de CJ[27], o el caso holandés donde café y plátanos justos representan el 2,5 por ciento y el 5 por ciento del mercado[28].

TIENDAS DE COMERCIO JUSTO Y SUPERMERCADOS QUE VENDEN PRODUCTOS DE COMERCIO JUSTO EN LOS PRINCIPALES PAÍSES EUROPEOS (OCTUBRE DE 2005)

PAÍSES	TIENDA DE COMERCIO JUSTO	SUPERMERCADOS
Alemania	800	23.000
Italia	500	4.000
Países Bajos	412	3.100
Suiza	300	2.500
Bélgica	295	700
Francia	165	10.000
Reino Unido	100	3.100
Austria	100	2.000
España	95	95

FUENTE: FINE (2005: 10-11).

En 1999 los productos alimentarios representaban "el 60 por ciento de la facturación del comercio minorista de los productos del comercio justo y la mitad de ésta corresponde a las ventas de café. No obstante, el café de comercio justo sólo representa un 2 por ciento del total del mercado del café en la Unión Europea. El comercio justo de plátanos, producto que se ha incorporado al comercio justo más reciente que el café, representa un 0,2 por ciento del total del mercado comunitario de los plátanos"[29].

Los datos sobre el volumen de ventas de las mayores importadoras europeas nos dan una idea del crecimiento que el CJ está teniendo en el nuevo siglo:

VOLUMEN DE VENTAS DE LAS MAYORES IMPORTADORAS EUROPEAS DE COMERCIO JUSTO (MILLONES DE EUROS)

ORGANIZACIÓN	PAÍS	VOLUMEN DE VENTAS 2000	VOLUMEN DE VENTAS 2004
GEPA, www.gepa.de	Alemania	29,8	39,7
CTM altromercato, www.altromercato.it	Italia	9,3	34,3*
Cafedirect, www.cafedirect.co.uk	Reino Unido	12	25,2

VOLUMEN DE VENTAS DE LAS MAYORES IMPORTADORAS EUROPEAS DE COMERCIO JUSTO (MILLONES DE EUROS) (CONT.)

ORGANIZACIÓN	PAÍS	VOLUMEN DE VENTAS 2000	VOLUMEN DE VENTAS 2004
Fair Trade Organisatie, http://www.fairtrade.nl	Países Bajos	15,9	20,7
Tradecraft, www.traidcraft.co.uk	Reino Unido	12,4	20,6
Oxfam-Wereldwinkels, http://www.oww.be	Bélgica	5	15,5
Claro Fair Trade, www.claro.ch	Suiza	8,3	11,5

FUENTE: FINE (2005: 28).
* DATOS DE 2003.

Este crecimiento, además de tener consecuencias directas en los niveles de vida de los productores del Sur, está ayudando la profesionalización del sector del CJ europeo. A pesar de que el voluntariado siempre será extremamente importante para la supervivencia de las organizaciones de CJ[30], se están creando también nuevos puestos de trabajo: en 2005, según los datos del Informe FINE, las asociaciones de tiendas de CJ y las organizaciones de sello empleaban a tiempo pleno alrededor de 1.100 trabajadores, mientras que las tiendas otros 450. En los primeros cinco años del siglo XXI se crearon 250 nuevos puestos de trabajo dentro del movimiento del CJ[31].

Las ventas mundiales en el año 2006 llegaron a 1.609 millones de euros, un 42 por ciento más que en 2005. El cacao es el producto que registró la mayor tasa de crecimiento (93 por ciento), en segundo lugar el café (53 por ciento), después el té (41 por ciento) y las bananas (31 por ciento). Estados Unidos se el primer país consumidor (499 millones de euros) seguido de Reino Unido (409 millones) y de Francia (160 millones)[32].

En Europa están activas las cuatro organizaciones internacionales de CJ que mencioné antes:

1. EFTA (European Fair Trade Association) es la más antigua, se fundó en 1987 y ahora reúne a once importadoras de nueve países europeos (Alemania, Austria, Bélgica, España, Francia, Italia, Países Bajos, Suiza y Reino Unido): "El objetivo de EFTA es apoyar a sus miembros en sus trabajos

y animarlos a cooperar y coordinar. Facilita el intercambio de informaciones y el trabajo en equipo, crea condiciones para la división del trabajo e identifica y desarrolla proyectos conjuntos. Lo hace, por ejemplo, organizando mítines entre los miembros (sobre alimentos, artesanías, *marketing*, administradores) o proporcionándoles informaciones relevantes. También mantiene una base de datos de proveedores de EFTA, llamados Fairdata, que contiene detalles sobre proveedores y sus productos. EFTA mantiene una oficina en Bruselas que es responsable de la ejecución del proyecto Fair Procura, financiado por la Unión Europea; el objetivo de este proyecto es convertir las autoridades públicas y los compradores institucionales verdaderos actores locales para el desarrollo sostenible"[33].

2. IFAT (International Fair Trade Association), nacida en 1989, aglutina hoy a "más de 300 organizaciones de comercio justo en 70 países... y ésta está creciendo de manera constante. Aproximadamente el 65 por ciento de nuestros miembros se ubican en el Sur (Asia, Medio Oriente, África y América del Sur) con el resto proveniente de América del Norte y la Cuenca del Pacífico y Europa".
   Sus áreas de trabajo son: a) desarrollar mercados para el CJ proporcionando informaciones sobre oportunidades de mercado a sus miembros, organizando *workshops*, conferencias a nivel global y regional y actuando como punto de referencia; b) construir confianza en el CJ a través de un sistema de monitoreo a tres escalones (una autoevaluación con los estándares IFAT, un control recíproco entre las partes relacionadas en el comercio y una evaluación externa); c) desarrollar un trabajo de sensibilización e información sobre el CJ a nivel mundial sobre todo a través de la *Global Journey* y del *World Fair Trade Day*; d) fortalecer las presencias regionales a través de Cooperation for Fair Trade in Africa (COFTA), Asia Fair Trade Forum (AFTF) y, en América Latina, la Asociación Latinoamericana de Comercio Justo (IFAT LA)[34].

3. NEWS (Network of European Worldshops), creada en 1994, reúne a quince asociaciones nacionales de tiendas de CJ, entre las cuales también la Coordinadora Estatal de Comercio Justo de España. Sus objetivos son: a) permitir un ligado entre las tiendas y las asociaciones nacionales; b) iniciar, coordinar y promover campañas en toda Europa sobre un comercio con justicia; c) cooperar con otras organizaciones en el campo de CJ como IFAT, EFTA o FLO, pero también con otras asociaciones y organizaciones que trabajan en cooperación al desarrollo[35].
4. FLO (Fairtrade Labelling Organization International), fundada en 1997, es "la organización paraguas de veinte Iniciativas del Sello de Comercio Justo FAIRTRADE en Europa, Canadá, Estados Unidos, Japón, Australia y Nueva Zelanda" y también es "la organización internacional responsable de la definición y certificación de los Criterios de Comercio Justo *FAIRTRADE*", es decir, de aquellos productos que llevan el sello "Fairtrade" y por razones históricas también los sellos "Max Havelaar" (Bélgica, Dinamarca y Francia), "Rattvisemarkt" (Suecia), "FairTrade Foundation" (Reino Unido), "Comercio Justo" (México) y "TransFair" (Canadá, Alemania, Italia, Países Bajos, Japón y EE UU), aunque FLO esté intentando unificarlos todos. La certificación la lleva a cabo FLO-CERT GMHB, una compañía internacional e independiente de certificación[36].

A partir de 1996 estas cuatro organizaciones empezaron una estrecha colaboración que dio lugar al grupo FINE[37] (acrónimo de las iniciales de las cuatro, FLO, IFAT, NEWS, EFTA). Desde el año 2004 FINE tiene una oficina en Bruselas y se ocupa de la promoción de un comercio con justicia a nivel europeo y también a nivel internacional, llevando a cabo un importantísimo trabajo de *lobby*. Por ejemplo, está jugando un papel muy interesante en la expansión del CJ en los nuevos países miembros de la Unión Europea, así como en las relaciones con las instituciones comunitarias.

El crecimiento en el viejo continente está siendo de verdad impresionante y poco a poco aumenta también el respaldado de las

Administraciones locales, las instituciones regionales, nacionales y europeas. Las relaciones con todas las instituciones públicas es fundamental para seguir creciendo y para fortalecer la cooperación al desarrollo entre la UE y los países del Sur.

El Tratado Constitutivo de la Comunidad Europea, en su artículo 177, establece que en el ámbito de la cooperación al desarrollo se favorecen "el desarrollo económico y social duradero de los PED y, particularmente, de los más desfavorecidos, la inserción armoniosa y progresiva de los PED en la economía mundial" y "la lucha contra la pobreza en los PED"[38].

Del 19 septiembre de 1991 fue el informe del Parlamento europeo: "Sobre la posibilidad de convertir el consumo de café en el seno de las instituciones comunitarias es una actividad de apoyo a los pequeños productores de café en el Tercer Mundo", con el cual se presentó la experiencia holandesa del café Max Havelaar. En este informe se expresaba la preocupación por la enorme caída del precio del café en el mercado mundial (un mercado monopolizado por grandes empresas comerciales) que "repercute directamente sobre los productores de café de los PED que carecen de cualquier tipo de fuerza económica"[39]. De este informe saldrá una resolución con la cual el Parlamento europeo decidió, "siguiendo el modelo del Parlamento neerlandés, utilizar a partir del 1 de enero de 1992 exclusivamente café de marca de calidad controlada Max Havelaar en sus dependencias y hace un llamamiento a las demás instituciones de la Comunidad para que adopten la misma decisión", y además se unió "al llamamiento del Consejo de Ministros y de la Asamblea Paritaria ACP de que se supriman los impuestos directos e indirectos sobre el café, el té y el cacao existentes en una serie de Estados miembros"[40]. Fue seguramente un primer paso adelante para involucrar directamente a las instituciones europeas en el consumo de productos de CJ, pero también un paso adelante para empezar a reflexionar en serio sobre la necesidad de lograr un comercio con justicia[41].

En enero de 1994 el Parlamento europeo aprobó la "Resolución sobre un comercio justo y solidario entre el Norte y el Sur", en la cual, "considerando que las relaciones comerciales injustas son una de las causas determinantes del desequilibrio estructural existente entre el Norte y el Sur", se recomienda que la Comunidad

Europea reconozca, fomente el papel de las organizaciones de CJ (también a través de un específico presupuesto comunitario) y "abogue, en el marco de los diferentes acuerdos y negociaciones internacionales (entre ellos, el GATT), a favor de condiciones justas (o menos injustas) en el mercado mundial y que manifieste un apoyo especial a los intereses y objetivos de los pequeños productores de los países socios (incluido su acceso a las cuotas de exportación o de importación)". Además, el Parlamento pidió que la Comunidad defendiese acuerdos internacionales justos sobre las materias primas y productos provenientes de los PED, acuerdos que "establezcan precios justos y retributivos para los productores" y que se "supriman las barreras comerciales injustas"[42]. El Parlamento europeo se declaró "convencido" de que el eslogan "no ayuda, sino comercio" debía convertirse en realidad.

El 24 de abril de 1996, el Comité Económico y Social europeo aprobó el dictamen sobre el "Movimiento a favor de una marca de *fair trade* europea", a través del cual resaltó la importancia de un etiquetado de carácter voluntario y una certificación independiente para garantizar que los productos de CJ sean "realmente producidos y comercializados de modo que se respeten unas condiciones laborales dignas en el Tercer Mundo y los productores obtengan mayores beneficios"[43].

En 1997 el Eurobarómetro publicó un informe especial sobre las posturas de los consumidores europeos hacia los plátanos de CJ: un 29 por ciento de la población europea (promedio de los 15) conoce la existencia de productos de CJ (con picos como el caso holandés que llega a más del 80 por ciento de los entrevistados), y un 11 por ciento declara haber comprado por lo menos uno de estos productos. El 74 por ciento manifiesta que estaría bien dispuesto a comprar plátanos de CJ si éstos costaran lo mismo que los comerciales; el porcentaje se reduce dependiendo de cuánto estarían dispuestos a pagar como *plus* para un plátano de CJ: un 37 por ciento se declara dispuesto a pagar un 10 por ciento más; 11 por ciento, un 20 por ciento más y un 5 por ciento de los entrevistados un 30 por ciento más del precio estándar[44].

De 1997 es también la "Resolución sobre el etiquetado social" donde, considerando los esfuerzos de la campaña "Ropa Limpia" y de la Fundación Rugmark, el Parlamento europeo pide a la Comisión que "apoye activamente a estas ONG concediéndoles una subvención con objeto de que puedan multiplicar sus acciones" y que "elabore una directiva relativa al etiquetado social para los productos textiles, el calzado y las alfombras, en que se indique que se han respetado los derechos de los trabajadores"[45].

Se llega así a 1998, cuando el Parlamento europeo aprueba la "Resolución sobre comercio justo", directa consecuencia del Informe Fassa, el informe sobre el comercio justo y solidario de la Comisión de Desarrollo y Cooperación del Parlamento presentado por Raimondo Fassa[46]. En la Resolución, el Parlamento, tomando en cuenta todos los documentos anteriormente citados y la importancia que el movimiento de CJ ha adquirido en Europa, considera el CJ "una de las formas más eficaces para fomentar el desarrollo" y pide "a la Comisión que incluya el fomento del comercio justo como elemento integrante de la política exterior, la política de desarrollo y la política comercial de la UE, incluido el desarrollo de los códigos de conducta para las empresas transnacionales europeas que trabajan en los PED". Muy importante es también la recomendación a los Estados miembros para que fomenten la sensibilización en el ámbito educativo y para que los consumidores dispongan de una información adecuada sobre los productos.

En respuesta a esta resolución, la Comisión Europea presentó su Comunicación al Consejo a finales de noviembre de 1999. Esta comunicación es muy importante, así como lo fue la Resolución del Parlamento del año anterior, pero quizá ponga demasiado énfasis en el pago de un precio más justo para "garantizar que los productores reciban un precio que traduzca una rentabilidad adecuada de su aportación de destrezas, trabajo y recursos, así como un porcentaje del beneficio total proporcional a su aportación"[47], resaltando menos otros aspectos de la cadena de producción y consumo del CJ como por ejemplo el CJ Sur-Sur o la importancia de la no dependencia hacia los importadores del Norte y la necesidad de diversificar la producción local. Sin embargo, resaltaría la comparación que se hace entre la situación de los trabajadores europeos y los trabajadores del Sur del mundo, útil y esencial para concienciar a los ajenos al movimiento de CJ[48].

También en el Acuerdo de Cotonou, firmado con los países ACP en 2000, se hace referencia a la promoción del CJ en el ámbito de las "reformas políticas e institucionales duraderas"[49] que la cooperación de la UE promoverá con los países de la Asociación.

En 2004 la Comisión Europea aprobó el "Plan de Acción de Comercio Sostenible"[50] con el objetivo de promover un CJ y sostenible y aumentar la confianza de los consumidores hacia estos nuevos tipos de productos. De octubre de 2005 es la Comunicación de la Comisión al Consejo, al Parlamento europeo y al Comité Económico y Social, "Acelerar el avance para cumplir los Objetivos de Desarrollo del Milenio-Financiación para el Desarrollo y Eficacia de la Ayuda", donde se reitera la voluntad de aumentar la ayuda para el CJ, "como instrumento para el desarrollo sostenible y la reducción de la pobreza"[51].

Y finalmente la Resolución del Parlamento europeo sobre comercio justo y desarrollo del mes de junio de 2006, después de la presentación por parte de Frithjof Schmidt del "Informe sobre comercio justo y desarrollo de la Comisión de Desarrollo del Parlamento"[52]. La Resolución individua en el CJ un instrumento importante "para alcanzar los Objetivos de Desarrollo del Milenio (ODM), en particular la erradicación de la pobreza y la asociación mundial para el desarrollo" y "para sensibilizar a la población con respecto a las relaciones Norte-Sur"[53].

Muy significativo en esta resolución es el mensaje que se quiere enviar a los consumidores del Norte: es absolutamente necesario que se "despierten" y reconozcan los aspectos positivos que tiene el CJ en el desarrollo económico y social de los productores y trabajadores más desfavorecidos del Sur del mundo. Además, pone mucho énfasis en el rol de la mujer como principal agente del desarrollo económico sostenible. Y, por fin, resume muy atentamente los criterios de CJ que hay que respetar para eliminar el riesgo de abusos y que hemos visto en el anterior capítulo[54].

4. EL COMERCIO JUSTO EN ESPAÑA

En España el CJ llegó dos décadas más tarde respecto a los otros países europeos y todavía presenta valores muy bajos en comparación con la media europea: en gasto por cada 1.000 habitantes,

España es penúltima con 348,2 euros (2.318,6 euros es el promedio europeo), detrás está sólo Portugal (36,7 euros)[55]. Las primeras tiendas se abrieron en el año 1986. En Andalucía se creó una red de tiendas de la Cooperativa Sandino, actualmente IDEAS[56] (Iniciativas de Economía Alternativa y Solidaria) y en el País Vasco, Guipúzcoa, gracias al trabajo de la Asociación Traperos de Emaus[57]. Durante los años noventa la red de CJ española alcanzó todo el territorio nacional y se fortaleció con el ingreso de algunas ONGD como Sodepaz, Intermón y Setem que dedican gran parte de sus actividades al CJ. Esta expansión concretizó el nacimiento de la Coordinadora Estatal de Comercio Justo (CECJ), actualmente constituida por 35 organizaciones, tiendas e importadoras.

En la Ley 23/1998, de 7 de julio, de Cooperación Internacional para el Desarrollo, se apoyan explícitamente "a las iniciativas en favor de un comercio justo y consumo responsable respecto de los productos procedentes de los PED", en su artículo 13[58]. A pesar de ello, en el Plan Director de la Agencia Española de Cooperación Internacional para el Desarrollo (AECID) 2001-2004 no hubo ninguna referencia al CJ, mientras que en el Plan 2005-2008 el CJ es una prioridad en la educación y sensibilización para el desarrollo pero a la vez el apoyo a las cooperativa de CJ en el Sur del mundo se convierte en una estrategia muy importante en los sectores primarios de cooperación para el desarrollo. En este actual plan se subraya cómo la Cooperación Española debería potenciar su trabajo con aquellos grupos de productores que se organizan en asociaciones, sociedades u otras formas de microempresas; los trabajadores más pobres o discriminados comercialmente; aquellas organizaciones de trabajadores con estructuras participativas y democráticas en las cuales participan activamente mujeres y grupos raciales o sociales mayoritariamente discriminados y excluidos; la finalidad de que los productores no dependan exclusivamente de la exportación sino que fomenten una economía social; el objetivo de garantizar condiciones de trabajo y salarios dignos a los trabajadores[59]. Como podemos ver, estos puntos representan objetivos claves del movimiento del CJ.

En los últimos años, el CJ en España está creciendo tanto a nivel cuantitativo como a nivel cualitativo. Entre 2000 y 2005 las ventas de productos han crecido con una promedio anual del 16,9 por ciento y entre 2004 y 2005 se ha registrado una tasa de crecimiento del 24,8 por ciento, más del doble del volumen, en millones de euros, de las ventas total registrada en 2000[60]. Casi dos tercios de los productos de CJ vendidos al año son productos de alimentación, y dentro de esta categoría el café sigue siendo determinante.

Entre 2000 y 2005 Galicia (69 por ciento) y Cataluña (25,9 por ciento) fueron las dos comunidades autónomas que registraron las mayores tasas medias de crecimiento de las ventas, seguidas por Castilla y León (21,1 por ciento), Madrid (17,7 por ciento) y Castilla-La Mancha (16,4 por ciento), las otras tres comunidades que se situaban arriba del promedio de crecimiento nacional (15 por ciento). Sin embargo, en 2005 las cinco comunidades que presentaban los mayores porcentajes de ventas sobre el total eran: Cataluña (27,1 por ciento), Madrid (18,7 por ciento), Andalucía (11,7 por ciento), Galicia (9,6 por ciento) y País Vasco (7,7 por ciento)[61]. Esto también puede depender del hecho de que, según los datos de las encuestas de SODEPAZ[62], recogidos en "El rompecabezas de la equidad" de Carrazo, Fernández y Verdú[63], las Administraciones Públicas de la comunidad catalana destacan en cuanto a financiaciones a las organizaciones de CJ. De todas maneras, es llamativo cómo sólo 19 organizaciones (el 55,9 por ciento de la muestra) de las que participaron en la encuesta reciban subvenciones públicas, mientras que las otras 14 no. Además, sólo un 23,5 por ciento de las organizaciones perciben la evolución de las subvenciones en el Estado español como ascendente[64].

El trabajo de Carrazo, Fernández y Verdú (2006) nos proporciona algunos datos interesantes para que tengamos una idea sobre el tipo y el tamaño de las organizaciones de CJ presentes en España:

- En cuanto a la personalidad jurídica, el 52,9 por ciento son asociaciones y el 26,5 por ciento fundaciones.
- Seis son las organizaciones importadoras más grandes y que entonces mantienen contactos directos y permanentes con muchos productores o con las redes internacionales de importación (Adsis-Equimercado, Alternativa 3, Ideas, Intermón Oxfam, Mercadeco, Zarza Consum Solidari), pero

también hay otras organizaciones que tienen actividades de importación puntuales o permanente (más del 65 por ciento de las 34 encuestadas).

- 27 organizaciones (el 79,41 por ciento) tienen de 1 a 5 personas contratadas. Sólo Intermón Oxfam tiene más de 50 empleados; el 50 por ciento tiene entre 1 y 20 voluntarios, sólo cuatro no tienen ninguno.
- El 63 por ciento del personal total trabaja en importadoras, donde en promedio el 12 por ciento del personal es contratado, contra el 9 por ciento de las organizaciones no importadoras.
- En general, se observa un aumento del personal contratado, así como de la profesionalización en el sector.
- Más de la mitad de las subvenciones se destinan a actividades de sensibilización.
- El 67,6 por ciento considera que no existe una buena comunicación entre todas las organizaciones españolas, así como un 47,1 por ciento no considera buenos los lazos comerciales y de cooperación, sea por motivos de estructura limitadas, de competencia o de incompatibilidad discursiva.
- El 71 por ciento de las organizaciones percibe que el CJ tiene un impacto importante en los productores del Sur, pero el mismo porcentaje no conoce estudios de caso.

También es interesante ver la posición de los consumidores en España:

- El 65 por ciento de los encuestados por SODEPAZ son mujeres.
- El 40,8 por ciento de los consumidores tienen una edad entre los 26 y los 35 años, el 80 por ciento está entre los 16 y los 45 años.
- El 30 por ciento son docentes o estudiantes, lo que refleja también la importancia de la educación y de la sensibilización en los colegios o universidades, como componente esencial en la formación de valores solidarios.
- El 42,5 por ciento compra productos del CJ según motivaciones solidarias y de ayuda a los productores, pero no menos

importante resulta ser el 22,5 por ciento que los compra por razones inherentes con la calidad misma del producto; sólo el 1,3 por ciento considera la calidad de estos productos regular.

- El 70 por ciento compra productos de CJ en un intervalo de tiempo igual o superior a un mes.
- Casi el 60 por ciento afirma haber dejado de consumir algún producto (café en el 41,6 por ciento de los casos, cacao y derivados 21,2 por ciento, azúcar 8,9 por ciento y té 7,6 por ciento) del mercado tradicional para comprar productos de CJ, el 90 por ciento de estos encuestados son mujeres; del 60 por ciento que desplaza parcialmente su compra a favor del CJ, un 60 por ciento lo hace con un solo producto, el 24 por ciento con dos, el 10 por ciento con tres y el 3 por ciento con cuatro productos.
- El 69,3 por ciento considera insuficiente la oferta de productos de CJ, así como un 82 por ciento considera limitada la información que reciben sobre el CJ en España; a pesar de esto, el 71 por ciento de los entrevistados conocen los impactos del CJ.
- El 71 por ciento considera los productos de CJ poco accesibles, un 84 por ciento se declara favorable a la inserción del pequeño comercio en la venta de estos productos; este porcentaje se reduce al 43,8 por ciento con respecto a las grandes superficies.

A pesar del crecimiento y del mayor interés por parte de los ciudadanos hacia una manera más justa de hacer comercio y una manera más ética de consumir, estos datos nos ofrecen con claridad una realidad todavía en desarrollo, con varias zonas oscuras pero con un gran margen de mejoramiento.

En los últimos años se abrió un abanico de puntos de vistas, posiciones diferentes sobre varios temas centrales en el debate actual sobre CJ: ventas en grandes superficies, certificación de productos, responsabilidad social corporativa, mayor o menor rigidez en la aplicación de los criterios del CJ, relaciones Sur-Sur y Norte-Norte, objetivos a corto, medio y largo plazo. En el panorama español nos encontramos con lo que Carrazo, Fernández y Verdú[65] denominan "polarización dinámica" entre dos grupos de organizaciones de CJ: las "tradicionales o dominantes" encabezadas por Intermón Oxfam[66], la organización más grande, con más recursos (más personal contratado, más voluntarios, más tiendas)[67], que representa en España a Oxfam International nacida en 1995[68]; por otro lado, un grupo de organizaciones más "global y alternativo" del cual forman parte sobre todo pequeñas organizaciones[69]. Entre éstas, la mayor es la importadora Xarxa de Consum Solidari de Barcelona[70]. Los autores hablan de dos polos dinámicos porque las organizaciones migran de uno al otro según el tema que se está tratando.

La CECJ ha sido el lugar de los desencuentros entre las diferentes visiones de CJ: las más alternativas se alejaron de ésta creando en 2006 el Espacio por un Comercio Justo (ECJ)[71].

Las fracturas más profundas se dieron en temas como la Iniciativa Nacional del sello FLO (Fair Trade Labelling Organizations Internacional)[72] y la venta de productos de CJ en las grandes superficies, pero también en la visión general sobre el CJ.

Vivas (2006) y Carraro, Fernández y Verdú (2006) nos ayudan a entender los principales elementos de divergencia entre los dos grupos, que pueden ser resumidos de esta manera:

- ¿Cómo distinguir un producto de CJ? Si para el grupo más tradicional (GT) se pueden seguir los criterios de la CECJ[73], para el grupo más alternativo (GA) también hay que seguir constantemente la cadena productiva, desde el productor hasta el consumidor.
- En las relaciones con el Sur, en el GT primaría una posición más cuantitativa cuyo objetivo sería aumentar las ventas para mejorar las condiciones de los productores; para el GA hay que profundizar los aspectos cualitativos y las luchas políticas para los cambios económicos y sociales tanto en el Sur como en el Norte.
- El GT apuesta para una reforma de la OMC a través de reglas más equitativas, mientras que el GA apuesta por la soberanía alimentaria ("que los campesinos decidan qué producir y los consumidores qué comer")[74].
- ¿Qué productos importar desde el Sur? Para el GA está muy claro: si en el Norte se producen los mismos productos de

una manera social y ecológicamente sustentable, es mejor ahorrarse el impacto ecológico de la importación.
- Respecto a las empresas de transformación a veces es indispensable, en este sistema económico, contratar a multinacionales para bajar los costes; para el GA estas empresas también tendrían que someterse a un cambio de lógica y promover un modelo económico alternativo.
- ¿Grandes superficies o no? Para el GT no hay duda: las grandes superficies pueden ser muy importantes para el crecimiento del CJ; para el GA las grandes superficies utilizan la venta de productos de CJ para un "lavado de imagen" y a modo de "*marketing* empresarial".
- ¿Cómo certificar los productos? El GT, que en general apoya la iniciativa de sello FLO, ve en la certificación una garantía para el consumidor. Los críticos de este sello argumentan que FLO se basa sólo en las condiciones de producción del producto y que hay que considerar toda la cadena, no sólo la producción. Además, el GA considera que las multinacionales ya se están aprovechando del sello para ampliar sus mercados de consumidores.
- Al interior del GT no todas las organizaciones quieren acercarse a los movimientos sociales que exigen otra globalización y otro mundo posible. Para el GA esta alianza es estratégica.
- ¿Cuál es el papel del consumidor? ¿Financiador (GT) o parte del movimiento (GA)?
- Más en general, en la definición misma de CJ, el GT considera prioritarias las relaciones Norte-Sur, mientras el GA considera de igual relevancia las relaciones Norte-Norte y Sur-Sur.

Como podemos ver, el debate abarca muchos temas, y de verdad es un debate muy vivo, no solamente en España. Me gustaría entonces analizar algunos de estos temas. El grupo más alternativo defiende la tesis según la cual hay que controlar constantemente la cadena de producción y comercialización para reconocer un producto de CJ. A veces los simples criterios elegidos no pueden bastar, pero no todas las organizaciones o asociaciones de CJ tienen los recursos necesarios para llevar a cabo esta labor extremamente necesaria. Con respecto a los productos, que las organizaciones de CJ tendrían que importar, naturalmente sería preferible ahorrarse los costes del impacto ecológico. Aquí se abren dos temas: uno es lo que un famoso cómico italiano define como la "paradoja de las galletas"; Italia produce galletas, Francia produce galletas, Italia exporta galletas a Francia, Francia exporta galletas a Italia... ¿no sería mejor enviarnos las recetas por correo electrónico y producir en casa? Nos ahorraríamos viajes, gastos de combustibles, accidentes en las carreteras, contaminación, construcción de trenes de alta velocidad (para que los productos viajen más rápido), movilizaciones en contra de estas obras, etc. Pero el capitalismo se basa justamente en esto. Habría que ver si ayuda más al DES de un país producir todas las galletas en casa o importarlas también de fuera. Naturalmente es sólo una anécdota, pero es importante pensar si se puede o no hacer un simple análisis de costes y beneficios económicos. El segundo tema tiene que ver con los trabajadores del Norte: es verdad que varios productos que las redes de CJ importan se producen con los mismos valores sociales y ecológicos también en el Norte. Sin embargo, ¿la sola producción del Norte bastaría para cubrir las demandas del Norte? ¿Están dispuestos los jóvenes del Norte a volver a trabajar en el campo, y de manera socialmente y ecológicamente sostenible?

Con respecto al papel que deberían jugar las empresas, creo que habría que empezar un serio trabajo de acercamiento recíproco entre el mundo de las empresas y de las asociaciones y ONG: hay muchos empresarios responsables que no buscan solamente una manera de enriquecerse, sino que buscan una manera de impulsar al DES en su comunidad. Estos ejemplos de buenas prácticas económicas tienen que adquirir más visibilidad. Si pensamos en categorizar a todas las empresas como "promotores y beneficiarios de un modelo comercial injusto"[75], nunca empujaremos un cambio desde otro punto de partida.

La gran fractura se generó, como hemos visto, en lo que tiene que ver con la venta en grandes superficies y respecto al sello FLO: sobre el primer punto creo que vale la pena ver la problemática desde diferentes perspectivas, sin embargo, siempre partiendo desde el criterio número 8 referido a las Organizaciones de CJ que explícitamente dice: "La canalización de productos en el mercado tradicional sólo se hará en establecimientos que garanticen, en todos sus aspectos, la imagen de productos de comercio justo y nunca suponga un lavado de imagen para prácticas comerciales ecológicas y socialmente denunciables"[76].

En un mundo, como el actual, donde "el tiempo es dinero", muchas personas concentran sus compras en un único lugar que, para satisfacer a las más variadas demandas, tiene que ser de grandes superficies. Sin entrar en el tema de la cultura a veces exageradamente consumista que proponen los grandes centros comerciales o supermercados, vender productos de CJ en estos lugares significa, antes que nada, hacer que más gente conozca esta realidad. No estoy basándome en el crecimiento de las ventas y esto por un simple motivo: el público que se dirige a los grandes supermercados lo hace por dos razones. Una, como hemos visto es ahorrar tiempo, la otra es ahorrar dinero. Aunque no sea siempre cierto, normalmente un producto de CJ es (casi siempre) relativamente más caro de los otros, y esto por algunas simples razones: se les paga un precio más justo (entonces más alto) a los productores, se respetan los derechos humanos de los trabajadores y la sostenibilidad del medio ambiente (entonces aumentan aquellos gastos que las multinacionales "injustas" siempre evitan), se sostiene el DES de la comunidad de productores. Además, las organizaciones de CJ necesitan recursos adicionales para todo el tema de sensibilización, de campañas e informaciones que no tienen las tiendas convencionales. Sin embargo, en los grandes centros comerciales transita muchas más gente que en la pequeña tienda de CJ y esto permite a muchas más gente, por lo menos, leer o escuchar juntas las palabras "comercio" y "justo" y (esperamos) reflexionar sobre cuáles pueden ser, o deberían ser, los puntos en común entre las dos. Entonces, deberíamos analizar si vale la pena luchar contra este tipo de venta y perder una posibilidad publicitaria más amplia, o luchar contra los intereses de las transnacionales (cuando éste es el caso) que poseen grandes supermercados. ¿Pierden más ellos si no venden productos de CJ o perdemos más nosotros? La respuesta está en el tipo de estrategia que queremos implementar.

De todas maneras es interesante ver cómo las organizaciones españolas contestaron al respecto en la encuesta de SODEPAZ: el 32,4 por ciento de ellas está a favor aduciendo a razones sobre todo de aumento de las ventas y de la accesibilidad de los consumidores a los productos de CJ; el 20,6 por ciento está a favor pero bajo algunas condiciones como por ejemplo el cumplimiento de los criterios del CJ y entonces un sistema de control de credibilidad o bien a través de un sello de garantía; el 47,1 por ciento está en contra, por incoherencia e incompatibilidad con los criterios y con la ética del movimiento del CJ, pero también por problemas muy concretos de impacto negativo que puede tener sobre las pequeñas tienda de CJ, así como sobre las relaciones de confianza que se establecen entre la organización de CJ y el ciudadano consumidor[77].

Sin embargo también hay que evidenciar otro aspecto: los datos sobre el desplazamiento de la demanda de productos del mercado normal hacia productos de CJ nos dicen que "sólo se ha desarrollado menos del 30 por ciento del potencial de las personas consumidoras actuales" y ello en gran medida porque la diversidad y la accesibilidad de los productos de CJ todavía resulta baja o insuficiente[78].

El tema del sello es seguramente más complejo: doce de las organizaciones españolas están a favor, mientras que once están en contra de la certificación FLO. Lo interesante, a mi juicio, de las informaciones recogidas por SODEPAZ, es que el 52,9 por ciento de estas organizaciones piensan que existe un alternativa, que bien puede ser un sello que certifique a las organizaciones y no al producto (como es IFAT), o por ejemplo una certificación propia de la Coordinadora Estatal Española que identifique sus propios criterios de garantía sin tener que seguir los de FLO[79].

A primera vista, crear un sello de garantía puede parecer una óptima idea para defender a los consumidores, pero tiene tremendas consecuencias para los productores. Los más críticos afirman que puede generar una fractura enorme entre los productores. Cooperativas y productores que hasta el momento han vendido sus productos a las redes de CJ, a partir de mañana podrían no obtener la certificación y perder todo el mercado anterior en beneficio de los grupos más organizados y con más recursos para superar los exámenes de certificación. "En la actualidad sólo algunos de los productores de las materias primas más demandadas (café, azúcar, cacao...) son los que pueden conseguir este sello."[80] Sellar algunos productos y otros no lleva a la idea de que estos últimos no cumplen con los estándares de CJ, mientras que siempre los han cumplido. Desde los mismos productores del Sur, también desde aquellos que inicialmente participaron en la iniciativa de sello, se están levantando voces en contra como por ejemplo la que recalca que la "propiedad" de la certificación reside esencialmente en el Norte[81]. Quien apoya el sello FLO lo hace por distintas razones: la posibilidad de ampliar el impacto del CJ aumentando las ventas y la visibilidad; segundo, permite a las organizaciones de CJ llegar a otros consumidores y aumentar la sensibilización; tercero, el consumidor obtiene mayor garantía; además, se impulsa directamente un cambio dentro del sector convencional. Quien está en contra cree sobre todo que el comercio convencional utiliza los productos de CJ para un lavado de imagen que difícilmente puede esconder sus actuaciones tan irresponsables y, además, abrir el CJ a cualquier actor puede desnaturalizar el movimiento, debilitarle y dejar que pierda su fuerza propositiva y de denuncia del sistema económico mundial en el cual vivimos[82].

Para entender mejor la problemática deberíamos preguntarnos: ¿a quién beneficia la creación de un sello como FLO que certifica el producto? Con la implementación de un sello el consumidor confiará en el producto y ya no en la tienda de CJ: se pierden todas las relaciones humanas, de confianza, de información y sensibilización que las organizaciones crearon durante años de duro trabajo, errores y éxitos. En fin, una confianza crecida gracias a la experiencia. En el caso de que el consumidor ya confíe solamente en el sello, puede comprar productos de CJ en cualquier lugar pensando que aquel producto ha llegado a sus manos siguiendo una cadena que desde el productor hasta el consumidor es completamente justa. Son muchos los casos que desmontan esta tesis, el más conocido es el caso del Nescafé Partner's Blend[83], con el sello FLO[84]. Podemos perfectamente pensar que para producir este tipo de café, la multinacional Nestlé haya pagado un precio más justo, pero ¿podemos pensar que haya utilizado también relaciones equitativas desde el productor hasta el consumidor? ¿Puede Nestlé vender un producto de CJ y otros veinte no? ¿Puede Nestlé utilizar una cadena para un solo producto, y otra para todos los otros? ¿O también Nescafé Partner's Blend sigue los mismos recorridos y se vende bajo los mismos principios? Dado que Nestlé es la marca más boicoteada en el mundo, parece raro pensar que de pronto se ponga a vender productos de CJ: parece más obvio pensar que Nestlé utilice instrumentalmente el CJ para adquirir nuevas cuotas de mercado con la venta de un producto de CJ, el café, que en todo el mundo está teniendo mucho éxito.

Entonces, quienes más podrían aprovecharse del sello son las grandes multinacionales que, vendiendo aunque sea un solo producto justo, aumentarían sus mercados sin que los gastos por pagar un precio más alto a los productores comprometan sus enormes ganancias, que naturalmente derivan de los otros productos y de la manera en la cual llevan a cabo el comercio. Pagar un precio más alto, como hemos visto, no significa comercializar con justicia.

Lo que sí me parece de verdad reproducir viejos estándares y privilegios es apoyar una iniciativa que una vez más viene desde el Norte. Sería mucho más interesante (y justo) construir certificaciones nacionales o regionales como se propone en la "Declaración del Encuentro de economía solidaria y comercio justo en América Latina" (Cochabamba, Bolivia, 13-15 de septiembre de 2005)[85]; primero porque no se pueden comparar las situaciones laborales y socioeconómicas de los campesinos o artesanos africanos, con los latinoamericanos o los asiáticos, y segundo porque de esta manera se puede controlar mejor y certificar también todo el proceso que implica la participación de importadores, transportistas, transformadores, organizaciones sindicales, distribuidores en el Sur como en el Norte. Esto tipo de certificaciones necesitarían más esfuerzos y más recursos pero, si el objetivo del sello es dar garantías al consumidor, creo que ésta sería la solución ideal para garantizar de verdad un producto de calidad y sobre todo un producto producido, transformado y comercializado con justicia. Sin embargo, en mayo de 2007, durante la Asamblea General de la Iniciativa FLO, las redes de productores latinoamericanos (CLAC-Coordinadora Latinoamericana y del Caribe de Comercio Justo)[86], africanos (AFN-African

Fairtrade Network) y asiáticos (NAP-Network of Asian Producers) han pasado a ser miembros oficiales de FLO[87]. Éste es seguro un paso adelante para que la iniciativa sea compartida directamente por los grupos de productores. Pero estas redes no representan a todos los productores, y la iniciativa permanece una propuesta-imposición desde el Norte a la cual con el tiempo se están agregando redes de productores del Sur. Deberíamos cambiar completamente la perspectiva y permitir que sean los productores del Sur los que propongan iniciativas de cooperación.

En España, el Espacio por un Comercio Justo promueve el sello-marca IFAT para las organizaciones. Con este sello, presentado por primera vez en el Foro Social Mundial de Dubai (enero 2004), el *focus* no es el producto sino la organización que produce, transforma, transporta, importa o comercializa un producto[88]. Las que reciben este sello forman parte del movimiento de CJ. Así no puede pasar, como en el caso Nestlé, Mc Donald's o Starbucks, que una multinacional (que de justo tiene muy poco) pueda vender productos de CJ por el simple motivo de pagar un sobreprecio sin garantizar que toda la cadena de producción y la organización misma seas justas.

La marca IFTA significa "que se están implementando ciertos estándares en relación a las condiciones de trabajo, salarios, trabajo infantil y medio ambiente. Estos estándares son verificados a través de una autoevaluación, revisiones mutuas y verificación externa. Demuestra que la actividad comercial de una organización está comprometida a un continuo mejoramiento... Distingue a las organizaciones de otros negocios comerciales, haciendo que se reconozcan a aquellas organizaciones impulsadas por su misión y cuya actividad núcleo es el comercio justo... muestra que una organización pertenece a la red global de las organizaciones de comercio justo. Sirve como voz de la solidaridad entre todas las organizaciones de comercio justo en el Norte y Sur"[89]. Finalmente, reducir las relaciones con los productores del Sur a la afirmación "a más ventas, mejores condiciones de los productores" es seguramente deletéreo. Pero aquí vamos a tocar la parte macro del problema, es decir, el cambio de las reglas que definen el comercio internacional. En este ámbito, pensar que se pueda afirmar que los campesinos produzcan lo que quieran y los consumidores coman lo que desean, también me parece muy complicado. Los campesinos del Sur nunca podrán decidir autónomamente lo que producirán si antes no se establecen reglas comerciales más justas. Que sea o no la OMC el lugar adecuado para producir este cambio es otro tema, pero que el cambio debe interesar a todos los Gobiernos del mundo, esto es fundamental.

Y aquí se llega quizá al tema más importante: para que este cambio se concretice, las alianzas estratégicas entre las organizaciones de CJ son fundamentales. Con respecto a esto, Carrazo, Fernández y Verdú (2006) evidencian cómo el movimiento del CJ español padece de cuatro desconexiones: una escasa cooperación entre las organizaciones del Norte (sobre todo entre grandes y pequeñas); poca información hacia los consumidores; muy pocos estudios de impacto sobre los productores y sus comunidades; una escasa voluntad (sobre todo de las grandes organizaciones) de unirse a las luchas de otros movimientos sociales externos al CJ. Las alianzas estratégicas con los movimientos que reivindican "otros mundos posibles" son imprescindibles. Dichas alianzas deben ser globales. Al interior del CJ éste es un debate muy vivo, sobre todo porque implica cuestiones ideológicas que claramente no todos los que participan activamente en el CJ comparten, a veces sin estar muy bien informados sobre las reales situaciones de los productores del Sur, sobre los juegos de fuerza que se dan en los países productores de materias primas y sobre los grandes intereses que mueven los factores productivos, como la tierra. Un ejemplo emblemático puede ser el café de México: en México se produce la mayor parte del café que se comercializa en el CJ internacional. Dentro de México hay muchísimas cooperativas diferentes y muchos grupos de productores, entre éstos hay grupos de campesinos chapanecos que a través de la venta del Café Rebelde apoyan a las comunidades del Ejército Zapatista de Liberación Nacional (EZLN). Es claro que dentro de los grupos que ven en el CJ simplemente una manera de hacer cooperación con las poblaciones más desfavorecidas del Sur del mundo, el apoyo a un movimiento como el

EZLN no es automático. Sin embargo, muchas organizaciones de CJ apoyan también al EZLN, porque su lucha es una lucha directa al cambio de las reglas que gobiernan el actual sistema mundial[90]. No es casualidad que el EZLN se haya levantado el primero de enero de 2004, cuando entró en vigor en México el Tratado de Libre Comercio de América del Norte (TLCAN). Es interesante recordar aquí la aportación de Alberto Gómez Flores[91], de la Unión Nacional de Organizaciones Regionales Campesinas Autónomas (UNORCA-México)[92], cuando se refiere a la estratégica lucha junto a Vía Campesina (Movimiento Campesino Internacional) en defensa de un desarrollo rural ligado al territorio, de la soberanía alimentaria a nivel nacional, de los derechos humanos y en contra del modelo neoliberal a nivel internacional, también a través de prácticas de comercio más justas[93].

También en las luchas en contra del ALCA (Acuerdo de Libre Comercio de las Américas) o del TLC con Estados Unidos, la alianza estratégica con otros sectores de la SC como los movimientos de trabajadores, de indígenas, de estudiantes y los sindicatos ha sido muy importante. Muchas organizaciones latinoamericanas de productores de CJ han luchado por ejemplo contra las negativas consecuencias que va a tener la importación de productos agrícolas norteamericanos subvencionados. Las consecuencias negativas de la liberalización de los mercados en América Latina son bien visibles a los movimientos sociales y campesinos. En su Informe sobre el Derecho a la alimentación en Guatemala, por ejemplo, el Relator Especial de las Naciones Unidas Jean Ziegler teme que "en el contexto de la creciente liberalización del comercio... el Tratado de Libre Comercio de Centroamérica (CAFTA) haga que aumenten el nivel de pobreza y la incidencia del hambre entre los más vulnerables"[94].

Entonces, ¿qué papel puede jugar el CJ en las relaciones entre las sociedades civiles euro-latinoamericanas, entre los movimientos sociales de ambos continentes, entre aquellos actores sociales que buscan otro tipo de globalización, para disminuir las grandes desigualdades del continente latinoamericano y empujar hacia un desarrollo económico y social más equitativo?

NOTAS

1. Página web de "Ten Thousand Villages": www.tenthousandvillages.com
2. Página web de "SERRV International": www.agreatergift.org/Default.aspx
3. *¿Dónde empezó?*, en www.ifat.org
4. Cora Dunkers (2004): "Las normas sociales y ambientales, la certificación y el etiquetado de cultivos comerciales", Departamento Económico y Social de la FAO, Roma, 5.
5. Página web de "Fair Trade Original": www.fairtrade.org
6. Ana Germani (2006): "Comercio justo y sociedad civil. Los desafíos del comercio justo en las relaciones Unión Europea América Latina", Observatorio de las Relaciones Unión Europea-América Latina *(background papers)*, www.obreal.unibo.it, 10.
7. Brid Broten, "Let's go fair! Comercio justo: historia, principios y funcionamiento", en CONGDE (2000): *Entre el libre comercio y el comercio justo: las relaciones económicas entre la Unión Europea y los países del Sur*, Coordinadora de ONG para el Desarrollo-España, Madrid, 96.
8. "Más de 300 organizaciones de comercio justo en 70 países constituyen la base de nuestra red de miembros y ésta está creciendo de manera constante. Aproximadamente el 65 por ciento de nuestros miembros se ubican en el Sur (Asia, Medio Oriente, África y América del Sur) con el resto proveniente de América del Norte y la Cuenca del Pacífico y Europa", en la web de IFAT: www.ifat.org/index.php?option=com_content&task=view&id=9&Itemid=5
9. Clara Caselli; Stefania Mitiga y Laura Jongejans (2006): *El desafío del comercio justo en América Latina. El caso del sector artesanal*, Fondo Editorial de la Universidad Católica Sedes Sapientiae, Lima, 192.
10. "La certificación de productos de comercio justo (CJ) empezó con el sello Max Havelaar en Holanda el año 1988. A éste le siguieron otros sellos como TransFair en Alemania o FairTrade en el Reino Unido, por citar a los más conocidos en Europa. En el año 1997, las organizaciones que regulaban el uso de todos estos sellos para productos de comercio justo se asociaron para reforzar el trabajo en común y crearon FLO-Internacional", en SETEM-AECI Col. (2006): *El comercio justo en España 2006*, Madrid, SETEM-Icaria editorial, 36. El 5 de octubre de 2005 se presentó oficialmente en Madrid la Asociación del Sello de Productos de comercio justo, que sería como decir FLO-España. La componen: Alternativa 3, Cáritas Española, CECU (Confederación de Consumidores y Usuarios), CECJ (Coordinadora Estatal de Comercio Justo), Fundación Ecología y Desarrollo, Fundación Etea para la Cooperación y el Desarrollo, Fundación Intermón Oxfam, Federación SETEM, IDEAS (Iniciativas de Economía Alternativa y Solidaria) y la Coordinadora Centroamericana y del Caribe de Pequeños Productores de Comercio Justo (CLAC). Véase www.sellocomerciojusto.org
11. Página web del periódico digital *Mercado Justo:* www.mercadojusto-la.com
12. Página web de la "Red Latinoamericana de comercialización comunitaria": www.relacc.org
13. Página web de la "Red Intercontinental de Promoción de la Economía Social y Solidaria": www.ripess.net
14. Página web de la "Coordinadora Mexicana de Pequeños Productores de Comercio Justo": www.coordinadoramexicana.org
15. Página web de "Comercio Justo México": www.comerciojusto.com.mx
16. Página web del "Forum de Articulação do Comércio Ético e Solidário": www.facesdobrasil.org.br
17. Página web del "Grupo Red de Economía Solidaria del Perú": www.gresp.org.pe

18. Página web de "Comercio Justo Uruguay": www.comerciojustouruguay.com
19. Página web de "Alianza Chilena por un Comercio Justo y Responsable": www.comerciojusto.cl
20. FINE (2001): "Fair Trade Definition and Principles as agreed by FINE in December 2001", Fair Trade Advocacy Office, Bruselas.
21. Ibídem.
22. *"In particular ILO Conventions No 29 and 105 requiring the suppression of forced or compulsory labour in all its forms; No 87 establishing the right of all workers and employers to form and join organisations of their own choosing without prior authorisation; No 98 providing the right to organise and for measures to promote collective bargaining; No 100 calling for equal pay and benefits for men and women for work of equal value; No 111 calling for national policies to eliminate discrimination in access to employment, training and working conditions on grounds of race, colour, sex, religion, political opinion, nacional extraction or social origin and to promote equality of opportunity and treatment; and No 138 aiming for the abolition of child labour stipulating that the minimum age for admission to employment shall not be less than the age of completion of compulsory schooling"*, en FINE (2001).
23. FINE (2001).
24. Página web de la "Coordinadora Estatal de Comercio Justo de España": www.comerciojusto.org
25. FINE (2005): *Fair Trade in Europe 2005*, The Fair Trade Advocacy Office, Bruselas, 5-7.
26. Comisión Europea (1999): "Comunicación al Consejo relativa al comercio justo", COM(1999)619 final, Bruselas, 8.
27. Ibídem, pág. 7.
28. Pierre W. Johnson (2001): "Propuestas para el desarrollo de un comercio justo", en "Serie Socioeconomía Solidaria", *Cuadernos de Propuestas por el siglo XXI*, Ediciones Charles Leopold Mayer, www.alliance21.org, 15.
29. Comisión Europea (1999: 8).
30. En el Informe FINE de 2005 se estiman 100.000 voluntarios en el mundo del CJ europeo.
31. FINE (2005: 31).
32. SETEM Catalunya (2007): "Comercio justo, un mercado en expansión", *Boletín "El buen café es bueno para todos"*, nº 20, www.buencafe.org, 2.
33. Traducción propia a partir de las informaciones de la página web: www.european-fair-trade-association.org
34. Informaciones disponibles en la página web de la "International Fair Trade Association": www.ifat.org
35. Informaciones disponibles en la página web del "Network of European Worldshops": www.worldshops.org
36. Informaciones disponibles en las páginas web: www.fairtrade.net y www.flocert.net
37. Página web del Grupo FINE: www.fairtrade-advocacy.org
38. Versión consolidada del Tratado Constitutivo de la Comunidad Europea disponible en: http://eur-lex.europa.eu/es/treaties/dat/12002E/htm/C_2002325ES.003301.html
39. Parlamento Europeo (1991): *Informe sobre la posibilidad de convertir el consumo de café en el seno de las instituciones comunitarias es una actividad de apoyo a los pequeños productores de café en el Tercer Mundo*, Ponente: Sra. Van Putten, Bruselas, 4.
40. Parlamento Europeo (1991b): *Resolución sobre el consumo de café como actividad de apoyo a los pequeños productores de café en el Tercer Mundo y la introducción de este café en el seno de las instituciones comunitarias*, Diario Oficial de las Comunidades Europeas, nº C 280, Bruselas, 34.

41. "Desde el 17 de mayo, el Senado [español, n.d.r.] se suma a las Administraciones que ofrecen café procedente del comercio justo. Será suministrado por la ONG Setem, con el objetivo de fomentar una iniciativa de consumo responsable que apoye el desarrollo de muchas regiones del planeta...", en Rodrigo Fersainz (2005): "El Senado también beberá café procedente del comercio justo", *El Mundo*, www.elmundo.es
42. Parlamento Europeo (1994): *Resolución sobre un comercio justo y solidario entre el Norte y el Sur*, Diario Oficial de las Comunidades Europeas, n° C 44, Bruselas, 119-121.
43. Comité Económico y Social Europeo (1996): "Dictamen sobre el 'Movimiento a favor de una marca de *fair trade* europea'", Diario Oficial de las Comunidades Europeas, n° C 204, Bruselas.
44. Eurobarometer (1997): *Attitudes of EU consumers to Fair Trade Bananas, European Commission*, Directorate-General for Agriculture (DGVI), Bruselas.
45. Parlamento Europeo (1997): *Resolución sobre el etiquetado social*, Bruselas.
46. El Informe Fassa está disponible en la siguiente página web: www.europarl.europa.eu/sides/getDoc.do?pubRef=-//EP//NONSGML+REPORT+A4-1998-0198+0+DOC+PDF+V0//ES
47. Comisión Europea (1999): "Comunicación al Consejo relativa al comercio justo", COM(1999)619 final, Bruselas.
48. "En Europa nuestros ciudadanos están protegidos por leyes nacionales y comunitarias que regulan ámbitos como la sanidad y la seguridad en el trabajo, la protección del medio ambiente, y los derechos y obligaciones de trabajadores y empresarios. En muchos países en desarrollo este tipo de derechos (por ejemplo, las normas básicas contenidas en la declaración de la OIT relativa a los principios y derechos fundamentales en el trabajo y su seguimiento, de 18 de junio de 1998) se encuentran todavía en una fase muy temprana; incluso en los casos en que existen, es difícil garantizar el respeto a la ley. El comercio justo tiene por objeto corregir esta situación apoyando un desarrollo económico saneado y un crecimiento sostenible, desde la base", en Comisión Europea (1999: 4).
49. Acuerdo de Asociación entre los Estados de África, del Caribe y del Pacífico, por una parte, y la Comunidad Europea y sus Estados miembros, por otra, disponible en la página web: http://ec.europa.eu/development/icenter/repository/agr01_es.pdf; en particular la letra g) de su artículo 23.
50. Sustainable Trade Action Plan (STAP): http://ec.europa.eu/employment_social/soc-dial/csr/abc2.htm#_Toc85624238
51. Comisión Europea, "Comunicación al Consejo, al Parlamento Europeo y al Comité Económico y Social, Acelerar el avance para cumplir los Objetivos de Desarrollo del Milenio -Financiación para el Desarrollo y Eficacia de la Ayuda", Bruselas, disponible en la página web: http://eur-lex.europa.eu/LexUriServ/LexUriServ.do?uri=COM:2005:0134:FIN:ES:PDF
52. Schmidt Frithjof (2006): *Informe sobre comercio justo y desarrollo*, Comisión de Desarrollo del Parlamento Europeo: www.europarl.europa.eu/sides/getDoc.do?pubRef=-//EP//NONSGML+REPORT+A6-2006-0207+0+DOC+PDF+V0//ES
53. Parlamento Europeo (2006): "Resolución sobre comercio justo y desarrollo" (2005/2245(INI)), Bruselas.
54. El Parlamento Europeo "considera que para eliminar el riesgo de abusos, el comercio justo debe cumplir una serie de criterios definidos por el movimiento en favor del comercio justo en Europa de la siguiente manera: a) un precio justo al productor, que garantice unos ingresos justos y que permita cubrir unos costes sostenibles de producción y los costes de subsistencia; este

precio debe igualar, por lo menos, al precio y la prima mínimos definidos por las asociaciones internacionales de comercio justo; b) parte del pago se debe efectuar por adelantado, si el productor así lo solicita; c) una relación estable y a largo plazo con los productores, así como la intervención de éstos en el establecimiento de normas de comercio justo; d) transparencia y rastreabilidad en toda la cadena de abastecimiento, a fin de garantizar una información adecuada al consumidor; e) unas condiciones de producción que respeten los ocho convenios fundamentales de la Organización Internacional del Trabajo (OIT); f) el respeto al medio ambiente, la protección de los derechos humanos, en particular de los derechos de las mujeres y los niños, así como el respeto a los métodos de producción tradicionales que favorezcan el desarrollo económico y social; g) programas de desarrollo de capacidades y capacitación para los productores, en especial para los pequeños productores marginales de los países en desarrollo, para sus organizaciones y para sus respectivas comunidades, a fin de garantizar la sostenibilidad del comercio justo; h) el respaldo a la producción y la entrada al mercado de las organizaciones de productores; i) actividades de sensibilización sobre la producción y las relaciones comerciales en el marco del comercio justo, su misión y sus objetivos, y sobre la injusticia reinante en las normas del comercio internacional; j) el seguimiento y la verificación del cumplimiento de estos criterios, en cuyo marco debe corresponder un importante papel a las organizaciones del hemisferio sur, con miras a una reducción de costes y una mayor participación de las mismas en el proceso de certificación; k) evaluaciones de impacto periódicas sobre las actividades relacionadas con el comercio justo...", en Parlamento Europeo (2006: 5).

55. SETEM-AECI (2006: 23).
56. Página web de "Iniciativas de Economía Alternativa y Solidaria": www.ideas.coop
57. Página web de la "Asociación Traperos de Emaus": www.emaus.es
58. El texto de la ley está disponible en la página web del Boletín Oficial del Estado: http://www.boe.es/g/es/bases_datos/doc.php?coleccion=iberlex&id=1998/16303
59. AECID (2005): *Plan Director de la Agencia Española de Cooperación Internacional para el Desarrollo 2005-2008*, Madrid, 57.
60. SETEM-AECI (2006: 11).
61. Ibídem, pág 13.
62. Página web de "Sodepaz": www.sodepaz.org
63. F. Carrazo; R. Fernández y J. Verdú (2006): *El rompecabezas de la equidad*, Icaria, Barcelona, 61.
64. Ibídem, pág. 60.
65. Ibídem, pág. 81.
66. "El 11 de agosto de 1956 nace el Secretariado de Misiones y Propaganda de la Compañía de Jesús, al servicio de los misioneros enviados a Bolivia, Paraguay y la India", en 1969 "cambia el nombre de la entidad: de Secretariado de Misiones y Propaganda a Misión y Desarrollo. El cambio se justifica afirmando que la misión no puede olvidar en ningún momento el desarrollo", en 1982 "para responder a los retos de la nueva época en la que existe mayor toma de conciencia de la realidad de otros países debida a una más amplia información, interrelación e integración entre los pueblos del mundo, Misión y Desarrollo cambia su nombre por el de Intermón", en 1997 "Intermón se incorpora al grupo Oxfam Internacional", y desde 2001 empezará a llamarse Intermón Oxfam; véase: www.intermonoxfam.org/page.asp?id=1
67. "Intermón Oxfam concentra el 41 por ciento del total del personal contratado (55) y el 49 por ciento del voluntario máximo (540)"; además, "reúne también 35 tiendas, un 51 por ciento del total de la maestra", en Carrazo, Fernández y Verdú (2006: 55 y 109).

68. Página web de "Oxfam International": www.oxfam.org
69. Xavier Montagut y Esther Vivas (2006): *¿Adónde va el comercio justo?*, Icaria, Barcelona, 14.
70. Página web de la "Xarxa de Consum Solidari": www.xarxaconsum.net
71. Página web del "Espacio por un Comercio Justo": www.espaciocomerciojusto.org
72. Página web de "Fair Trade Labelling Organizations Internacional": www.fairtrade.net
73. Véase: www.e-comerciojusto.org/es/criterios.html
74. Vivas (2006): "La situación del comercio justo en el Estrado español", en Montagut y Vivas (2006: 18).
75. Montagut y Vivas (2006: 23).
76. Véase: www.e-comerciojusto.org/es/criterios.html
77. F. Carrazo; R. Fernández y J. Verdú (2006: 79-86).
78. Ibídem, pág. 162.
79. Ibídem, págs. 101-106.
80. Montagut y Vivas (2006: 23).
81. SETEM-AECI (2006: 42).
82. Ibídem, pág. 55.
83. Véase: www.nescafe.co.uk/OurProducts/PartnersBlend.aspx
84. Para más informaciones sobre el sello FLO véase el Anexo 1 a este trabajo.
85. El texto de la Declaración se puede encontrar en la siguiente página web: www.economiasolidaria.org/files/dakar2005/cochabamba.pdf
86. La Coordinadora Latinoamericana y del Caribe de Comercio Justo "es una instancia gremial de representación, coordinación, intercambio y colaboración para el fortalecimiento de las organizaciones de tipo cooperativo de pequeños productores de América Latina y del Caribe en el marco del comercio justo... tiene sus primeros antecedentes en al Coordinadora Latinoamericana de Pequeños Productores de Café (CLA o "Coordinadora") y en la red latinoamericana de pequeños apicultores, PAUAL, ambas fundadas en el año 1996... en agosto del 2004 en Oaxaca, México, se constituyó la CLAC como entidad legal, incorporando a las representaciones de los pequeños productores de comercio justo de América Latina y el Caribe de una amplia variedad de productos; café, miel, banano, cacao, jugo, frutas, etcétera... La CLAC se compone actualmente por cerca de 300 organizaciones de pequeños productores de una veintena de países de la región... El total de familias de pequeños productores afiliados rebasa los 200.000, involucrando a más de un millón de personas", en: www.claccomerciojusto.org
87. FLO (2007): *Shaping Global Partnerships. Anual Report 2006/2007*, FLO INTERNATIONAL E. V., Bonn.
88. Xavier Montagut (2004): "¿Comercio justo en McDonald?", en: www.xarxaconsum.org
89. Véase: www.ifat.org/index.php?option=com_content&task=view&id=3&Itemid=16&lang=es
90. México-Chipas: sobre todo en Italia, pero en los demás países europeos también, se vende el Café Rebelde Zapatista. Para más informaciones: www.caffezapatista.it
91. Véase: "El comercio justo y las organizaciones campesinas mexicanas", en Montagut y Vivas (2006: 83).
92. México: "La UNORCA es una organización de representación indígena y campesina de amplia participación, de lucha, de trabajo y propuesta, que se constituyó en el VII Encuentro Nacional realizado en Cuetzalan, Puebla, en marzo de 1985. A la UNORCA la integran campesinos, pequeños productores, jornaleros,

avecindados, colonos, jóvenes, mujeres, pescadores y trabajadores del campo de Campeche, Chiapas, Chihuahua, Colima, Distrito Federal, Durango, Guanajuato, Guerrero, Hidalgo, Jalisco, México, Michoacán, Morelos, Nayarit, Oaxaca, Puebla, Querétaro, Quintana Roo, San Luis Potosí, Sinaloa, Sonora, Tabasco, Tlaxcala, Veracruz, Yucatán y Zacatecas. La UNORCA impulsa la amplia participación social en el ámbito nacional e internacional, y es integrante de diversas expresiones del movimiento campesino internacional, como Vía Campesina y la Coordinadora Latinoamericana de Organizaciones del Campo", en: www.unorca.org.mx

93. Montagut y Vivas (2006: 93).
94. Jean Ziegler (2006): *Informe del Relator Especial sobre el derecho a la alimentación. Misión a Guatemala*, Consejo Económico y Social-Naciones Unidas.

CAPÍTULO 3

EL COMERCIO JUSTO Y LOS OBJETIVOS DEL MILENIO EN AMÉRICA LATINA

1. PANORAMA DEL COMERCIO JUSTO EN AMÉRICA LATINA

Como vimos anteriormente, también en América Latina se han ido desarrollando coordinadoras nacionales y plataformas regionales que apoyan y coordinan el trabajo de un universo de cooperativas, organizaciones de productores, asociaciones de economía solidaria y tiendas de CJ, verdaderamente variopinto. Presentaré a continuación sólo algunas de las más importantes organizaciones de productores de la región latinoamericana, desde México y Centroamérica hasta el Cono Sur; nos daremos cuenta de cómo el panorama de los productos varía mucho, naturalmente dependiendo de las características climatológicas de cada país, así como de la competitividad de los mismos.

México tiene una red de productores y organizaciones de CJ bien desarrollada, tan desarrollada que ya posee dos importantes realidades como la Coordinadora Mexicana de Pequeños Productores de Comercio y Comercio Justo México. Naturalmente, se produce mucho café en la zona sur del país: una de las organizaciones de productores de café que más ha crecido en el mercado del CJ es la Unión de Comunidades Indígenas de la Región del Istmo (UCIRI)[1]. Su café está bien representado en todas las tiendas de CJ del mundo y además UCIRI produce también mermeladas, jugos y concentrados de maracuyá. También hay otros productores de café, como pueden ser los Productores Agropecuarios de la Selva Lacandona o la Cooperativa Maya Vinic, y otros productos relevantes como la miel (Campesinos Unidos de los Chenes Kabi´tah o Cooperativas de Productores de Miel "Flor de Campanilla") o fruta fresca (Frussi). No puede faltar naturalmente la producción de artesanía, por ejemplo las joyas de las Artesanas Campesinas de Artcamp y de la Comunidad Artesanal Joyas del Progreso. O las cerámicas de Xochipilli-Xochiquetzal, una realidad interesante, fruto del "matrimonio" entre una ONG (Xochipilli) y una empresa de comercialización, donde el 80 por ciento de los trabajadores son indígenas y el 70 por ciento son mujeres[2].

En todos los países de Centroamérica es fundamental la producción de café, pero no se produce solamente café. En Guatemala existen varias asociaciones que producen, por ejemplo, miel o infusiones (Asociación Chajulense Val Vaq Quilo) y varias asociaciones de artesanos como la Asociación de Artesanos "AJ Quen" o COPAVIC. Para El Salvador vale la pena recordar la actividad de la Asociación Cooperativa de Grupo Independiente Pro Rehabilitación Integral (ACOGIPRI) que, a través de los talleres de cerámicas, responde a la falta de oportunidades de formación, empleo o integración laboral de las personas con discapacidades. Desde El Salvador llegan también productos como sésamo o anacardos (Ucraprobex, CORDES).

En Belice, la Toledo Cacao Growers' Association (TCGA) representa alrededor de 1.000 productores de cacao orgánico (bajo sombra) en el sur del país, en los distritos de Toledo y de Stann Creek[3]. Después de la crisis del precio del cacao en 1991, a través de las relaciones con la empresa Green & Black's, el cacao de la TCGA entró en el mercado del Reino Unido con el producto "Maya Gold"[4], que se convirtió en el primer producto inglés con sello de la Fairtrade Foundation (ahora sería el mismo sello FLO). En 2001 todo el país sufrió las graves consecuencias del huracán Iris, la TCGA también. Sin embargo, a través de la cooperación internacional, en particular del Department for International Development (DfID) del Gobierno británico, ha recuperado toda la producción y hoy en día la TCGA es "el sector cacao en Belice"[5]. Sólo diez pequeños productores de cacao, que venden en el mercado local, no están certificados con el sello FLO. TCGA sigue vendiendo directamente a Green & Black's, que paga 2.300 dólares la tonelada de cacao: 1.950 para el cacao, 200 dólares adicionales por la producción de tipo orgánica y 150 dólares más como producto de CJ[6].

En Costa Rica, además de muchos productores de café (por ejemplo Organización Campesina Caficultora del Carmen de Atrato, CoopeAgri El General R.L., COOPELDOS), también hay muchos productores de fruta fresca y zumos como la Asociación de Productores Usuarios del Programa de Desarrollo Agroindustrial en la Zona Norte o la Asociación de Pequeños Productores de Salamanca; es también muy importante la producción de bananos (Cooperativa de Trabajadores Bananeros del Sur).

En Nicaragua, casi toda la producción para el CJ es de café (PRODECOOP y SOPEXXCA principalmente) aunque haya talleres de artesanías (Taller Cerámica por la Paz, Movimiento Indígena Monimbó de Masaya). En España la cooperativa "Espanica" importa sólo café de Nicaragua, y hace muy poco tiempo también anacardos. Espanica es una realidad muy particular: nació de la Asociación Rubén Darío de Amistad Hispano-Nicaragüense (ARD) que, a partir de los años ochenta, empezó a desarrollar proyectos de cooperación en el ámbito agrícola nicaragüense. A principios de los noventa, la ARD vio que "pese a sus esfuerzos y los de la contraparte nicaragüense, los productores no conseguían reproducir el capital invertido en las cooperativas"[7]. El problema naturalmente era el precio del café en el mercado internacional, en un periodo de profunda crisis. Fue así que la ARD creó en España una sociedad comercializadora del café nicaragüense en la que participaran los propios cooperativistas (al 50 por ciento). Se creó la red formada por la Asociación Rubén Darío/Campo Ciudad (que sigue con sus proyectos de cooperación) y la ONG CIPRES (Centro para la Promoción, la Investigación y el Desarrollo Rural y Social)[8] que participan al 50 por ciento de Espanica-2000 SL (la cooperativa de CJ que gestiona la venta del café) y la Unión Nacional Agropecuaria de Productores Asociados (UNAPA) que reúne a los campesinos y que controla la otra mitad de Espanica. De esta manera, dado que importar el producto elaborado es imposible en este tipo de comercio internacional, los nicaragüenses participan en el capital de la entidad que se ocupa de los últimos anillos de la producción beneficiándose de los ingresos de los estadios intermedios y de la comercialización[9].

En Honduras existe un grupo de productores (CABRIPEL, CARSBIL, CARUCHIL, CAUFUL, COAGRICSAL, COAPROCL, COAQUIL, COARENE, COSAGUAL, RAOS) que producen café con sello FLO, junto a otras realidades de Centroamérica. En 1999 se creó la oficina regional de FLO Internacional en América Central[10]; actualmente FLO-Centroamérica se ocupa de proporcionar apoyo a los pequeños productores certificados, después de haber dejado a FLO Cert el trabajo de inspección, certificación y monitoreo de los productores. Siempre en Honduras se producen grandes cantidades de anacardos para el CJ (Cooperativa Regional de Producción Agropecuaria La Sureñita). Además, hay otra experiencia interesante, la de la RED COMAL[11] (Red de Comercialización Comunitaria Alternativa), cuyos miembros producen muchos productos diferentes, desde los frijoles y el maíz hasta la miel y los vinos.

Desde el Caribe llegan bananos (ASOBANU-República Dominicana), otra fruta fresca y zumos (Cooperativa de Producción Agrícola Cpa José Martí-Cuba), café (Cooperativa Junta Monseñor Romero-República Dominicana), cacao (Confederación Nacional de Cacaocultores Dominicanos CONACADO), integradores alimenticios (la "spirulina" producida en Cuba por GENIX) y artesanía (Cubartesanía).

Desde Venezuela llegan sobre todo productos artesanales (Tinajas), mientras que desde Colombia, café, bananos (ASOPROBAN) y otros productos agropecuarios (Fundaglobal Fundación, Frutos de los Andes).

Los tres principales países andinos (Ecuador, Perú y Bolivia) presentan una gran variedad de productos y productores de CJ que se han desarrollados (sobre todo en Bolivia) también gracias a las financiaciones de la cooperación internacional. En Ecuador se han creado verdaderas redes de economía solidaria que producen para el CJ pero sobre todo para el mercado interno: ejemplo de estas redes son RELACC, la Red Latinoamericana de Comercialización

Comunitaria, y CAMARI una de las más importantes realidades latinoamericanas ligadas al CJ europeo.

RELACC se fundó en 1991 y como actividades principales desarrolla sobre todo los aspectos de formación y capacitación técnica para los pequeños productores, pero también para organizaciones de consumidores. Es una articulación de trece redes nacionales que quiere fortalecer el "espíritu de solidaridad latinoamericana desde acciones concretas de comercialización comunitaria"[12]. CAMARI nació en 1981 para sostener la actividad del Fondo Ecuatoriano Populorum Progressio (FEPP) promovido por la Conferencia Episcopal Ecuatoriana y se convirtió así en el "Sistema Solidario de Comercialización del FEPP", con el objetivo de manejar la comercialización de los productos agropecuarios y artesanales. La comercialización siempre había sido el problema fundamental para los pequeños productores porque comerciantes, intermediarios, prestamistas y transportistas siempre se aprovecharon de la inferioridad del primer anillo de la cadena[13]. Además de semillas, fruta fresca, fruta seca, café (Fapecafé, AACRI), cacao (CORPROC), artesanía (Prepueblo, Kallari, Fundación Maquita Cushunchic), hay una relevante producción de flores cortadas (Nevado Ecuador y Hoja Verde) y naturalmente una importantísima producción de bananos. La Asociación de Pequeños Productores Bananeros "El Guabo" en el año 2004 agrupaba a 351 productores, de los cuales 210 eran productores de banano convencional, 123 eran productores de banano orgánico y 18 de Baby Banano (orito) orgánico, todos cumplen con las normas sociales y ambientales del sello FLO[14].

Desde Perú los productos más importantes que llegan al CJ europeo son los artesanales y textiles: CIAP, DELTARTS, MINKA, APTECPERU, ALLPA, Candelas, Manos Amigas y Manos Creadoras son algunas de las experiencias más significativas en este ámbito. Además, se producen café (Junta Nacional del Café, CAPICAFE. COCLA) y fruta fresca: la Asociación de Productores de mando del Alto Piura (APROMALPI) produce sobre todo mangos que, sin la ayuda del CJ, nunca podrían exportarse y de esta manera garantizar unos ingresos básicos para la vida de sus productores[15]. En el año 2005 el CJ beneficiaba a más de cincuenta mil familias, con "organizaciones agrícolas productoras de café, plátanos, mango, té, kiwicha, quínoa y azúcar, además de grupos de artesanos en los sectores de cerámicas, textiles, cuero y bisutería, así como experiencias de turismo responsables"[16].

En Bolivia existe una gran variedad de productos de CJ: productos agropecuarios en general (Corporación Agropecuaria Campesina Regional de Irupana, Cooperativa Agrícola Integral Campesino, Productos Ecológicos Naturaleza S.A.), cacao en particular (EL CEIBO), productos artesanales y textiles (Q'ANTATI, CRISIL, Asociación Artesanal Boliviana Señor de Mayo, PACHAMAMA, Comart Tukuypaj, La Khochalita) pero sobre todo la quínoa, un alimento muy nutritivo (aporta más proteínas que los demás cereales) y sin gluten. Por esta razón se ha convertido en un producto fuertemente demandado para satisfacer las necesidades de aquellos que padecen de enfermedad celíaca. En Bolivia, además, están presentes dos importantes redes: la Red Nacional de Comercialización Comunitaria de Bolivia (Renacc Bolivia) ligada a la misma red a nivel continental, y la Coordinadora de Integración de Organizaciones Económicas Campesinas de Bolivia (CIOEC Bolivia)[17].

Desde Paraguay se importa sobre todo azúcar (El Manduvirá), desde Uruguay artesanía (Servicio Ecuménico Solidario). En Brasil, también encontramos una gran variedad de productos: anacardos (COOPERCAJU), fruta fresca y zumos (Cooperativa dos Agropecuaristas Solidários de Itápolis, COAGROSOL, Ecovida), café (COOPFAM), cachaça (Fazenda Vaccaro y Movimento dos Trabalhadore Rurais Sem Terra-MST), artesanía y textiles (ARTESOL, Mandaréu) y sobre todo guaraná (Conselho Geral Tribo Saterè-Mawè, Cooperativa Central de Reforma Agraria de Paraná, MST). Este último producto está adquiriendo siempre más espacio también en España. El consorcio de cooperativas de CJ italiano, CTM Altromercato, está comercializando un refresco ("Guaranito")[18] que en el ámbito del movimiento del CJ ya es la alternativa justa a la Coca-Cola.

Desde Argentina, donde las actividades de CJ han empezado sólo en este siglo después de la fuerte crisis económica, llegan sobre todo productos artesanales (Asociación de Mujeres Microempresarias, Fundación Silataj, Arte y Esperanza) y textiles: hace poco tiempo CTM Altromercato (Italia) ha lanzado el proyecto

"Tejer el Futuro", el proyecto de hilera textil solidaria del cual hablaré en el último apartado de este capítulo. Los productos finidos se están empezando a vender en las tiendas de CJ europeas: a partir de experiencia italiana otros países se están sumando (en España SETEM ya está colaborando en el proyecto) en una dirección que de alguna manera sigue aquélla lanzada por la campaña "Ropa Limpia"[19]. En 2006, en Argentina se contaban 27 tiendas de CJ en varias ciudades del país[20].

Los productos chilenos son sobre todo de artesanía (COMPARTE, Fundación Solidaridad, Pueblos del Sur, Fundación Chol Chol), miel (Cooperativa APICOOP-Valdivia, Fundación Diocesana para el Desarrollo Social de Valdivia-FUNDESVAL, Cooperativa Campesina Apícola Santa Bárbara-COASBA) y vinos (Los Robles, Viña Chequen). La cooperativa vinícola Los Robles nació en 1943 y es una de las poquísimas cooperativas que sobrevivieron a la transformación económica llevada a cabo durante y después de la dictadura de 1973. Los Robles empezó a participar en el CJ en 1990 vendiendo a Oxfam Bélgica y Max Havelaar Holanda, más tarde a Traidcraft (Reino Unido), GEPA (Alemania) y Claro (Suiza). Actualmente, el 15-20 por ciento de la producción está certificada por FLO, pero el objetivo de la cooperativa es llegar a que el cien por cien de la producción cumpla con los requisitos del CJ[21].

En general, dos son los productos de CJ fundamentales que nos llegan desde América Latina y el Caribe. Uno es el café, que interesa sobre todo a Centroamérica pero también a otros países como Colombia y Brasil que son los dos líderes del mercado mundial: en América Latina el mayor productor de café es Brasil, con sus 42.512.000 sacos de 60 kg en 2006, seguido por Colombia (12.200.000), Perú (4.250.000), México (4.200.000), Guatemala (3.817.000), Honduras (2.700.000), Costa Rica (1.799.000), Nicaragua (1.275.000), El Salvador (1.242.000), y Ecuador (1.172.000)[22]. Como muchos saben (por lo menos los 25 millones de productores de café en el mundo), en octubre-noviembre de 2001 se vivió la crisis más profunda del mercado del café: el precio del café, tanto de calidad arábica como robusta, tocó el nivel más bajo del los últimos treinta años (hasta 45 céntimos por libra). Desde octubre de 1999 no hacía nada más que bajar[23]. Pero el precio pagado por las organizaciones de CJ justo se mantuvo constante. Este precio está entre los 100 y los 150 céntimos de dólar por libra de café calidad Robusta, y entre los 120 y los 170 céntimos por libra de café calidad Arábica. Hay un precio mínimo de CJ que es de 101 céntimos de dólar por libra de café Robusta, y 121 por el café Arábica (o 10 céntimos más del precio en el mercado internacional si éste se acerca, es igual o mayor de 101 céntimos). Para realidades como FEDECOCAGUA en Guatemala (compuesta por más de 148 cooperativas y casi 20.000 productores en todo el país), o COOCAFE en Costa Rica (más de 3.500 productores organizados en diez cooperativas en todo el país), la exportación al CJ internacional es esencial para producir un producto de calidad y para llevar a cabo los proyectos sociales y medioambientales para que la producción no sea sólo económicamente, sino también social y medioambientalmente sostenible.

El segundo producto es el banano, que tantos problemas está causando con la Unión Europea, sobre todo con España (evidentemente muy interesada en defender la producción del plátano canario): el primer productor de bananos de CJ sigue siendo Ecuador y precisamente la Asociación el Guabo, "líder mundial en la exportación de banano en el mercado de comercio justo, controlando la logística, diversificando su gama con otros productos tropicales, siendo un modelo de organización socioempresarial con participación en las decisiones de políticas agrarias nacionales"[24]. Además de los países centroamericanos y de Colombia, también en Perú se está dando una buena producción de bananos: en enero de 2003, 108 productores fundaron la Asociación de Pequeños Productores de Banano de Samán y Anexos (APPBOSA): "Costó mucho convencer a los socios de que unidos, en tanto que organización, podíamos cambiar las cosas en el pueblo", relata Santos E. Atoche, de APPBOSA. Sin embargo, ahora "la motivación de los socios, la unidad, una administración transparente, los seminarios y formaciones que proponen, y los pactos de colaboración estratégicos que se han establecido con instituciones varias y con otras cooperativas" son puntos de fuerzas de la Asociación[25].

Este panorama muy general nos proporciona una primera imagen de las dimensiones que está asumiendo la producción latinoamericana para el CJ internacional, y al mismo tiempo una producción más sostenible para los mercados locales. Las varias organizaciones regionales, las coordinadoras nacionales están creando una red latinoamericana que permite promover la economía solidaria y el CJ en todo el continente. A partir del siglo XXI se han ido desarrollando muchas iniciativas y encuentros: en 2001 el Encuentro Latinoamericano de Comercio Justo y Consumo Ético en Lima; en el año 2003, la Cooperativa de Comercio Justo de Chile organizó en Santiago de Chile el Seminario Internacional de Comercio Justo y Desarrollo Local. Siempre en 2003, FACES do Brasil organizó el Seminario Internacional de Comercio Ético y Solidario en São Paulo[26].

Entre los días 13 y 15 de septiembre de 2005 se celebró en Cochabamba (Bolivia) el "Encuentro Emprendedor de Economía Solidaria y Comercio Justo en América Latina", organizado por plataformas como la Red Intercontinental de Promoción de la Economía Social Solidaria (RIPESS)[27], la Mesa MCLACJ, la Coordinadora CLAC, la FACES y otras redes nacionales, centros de estudios, fundaciones o instituciones.

En su declaración[28], considerando que la causa fundamental de la pobreza son las relaciones económicas internacionales, profundamente injustas, que los países desarrollados siguen imponiendo y las elites en los países latinoamericanos siguen implementando, los signatarios propusieron una nueva estrategia de desarrollo y de redistribución de la riqueza que enfatice en:

> *[...] la soberanía alimentaria, entendida como una estrategia específica de promoción y protección a una agricultura nacional que, aprovechando los recursos y capacidades disponibles, impulse la diversificación de cultivos que reduzca la alta dependencia de alimentos importados, y un manejo económico, social y ecológicamente sustentable [...]*
>
> *[...] los aportes, logros y lecciones aprendidas por los y las emprendedoras económicas solidarias y del comercio justo a nivel de desarrollo local [...]*
>
> *[...] la participación de la comunidad, el desarrollo de las capacidades locales y la articulación y apoyo de instancias que promueven el desarrollo comunal [...]*

Para lograr todo esto se comprometen a avanzar articulando las redes de CJ para formar el Movimiento Latinoamericano de Economía Solidaria, Comercio Justo y Consumo Ético, a crear un "Sistema de Certificación Participativa para la Economía Solidaria de Comercio Justo en cada uno de nuestros países, con criterios que sean fijados localmente y tendiendo a unificar dichos criterios a nivel latinoamericano", a fortalecer el comercio Sur-Sur y las alianzas con otros movimientos sociales latinoamericanos, y también se oponen "a las certificaciones de FLO en grandes plantaciones (agricultura industrial) y de las certificadoras en la producción orgánica en plantaciones"[29]. Este último punto es muy importante porque nos da una idea de cómo también a nivel de los productores y no solamente a nivel de las organizaciones de CJ del Norte, existen muchas dudas sobre el sistema del sello FLO.

Este encuentro, así como el segundo celebrado en el 2007, nos da una clara señal sobre el desarrollo del CJ en América Latina y cómo la convergencia de iniciativas nacionales, regionales o internacionales pueda ser un óptimo punto de partida para la creación de una verdadera alianza birregional (y quizá mundial) para el DES de los países menos favorecidos.

A pesar de que este panorama nos pueda ofrecer la imagen de una presencia relativamente rica y diversificada del CJ en el continente latinoamericano, la realidad todavía parece ser otra. En casi toda la región el desconocimiento hacia estas prácticas es muy grande y no cabe duda de que abrir una tienda de CJ en un país latinoamericano no es fácil. Los ciudadanos preparados e informados para acercarse a ciertos productos y ciertos hábitos de consumo son pocos en nuestro continente, entonces podemos bien imaginarnos cómo es la situación en América Latina. Sin embargo, en esta región hay muchas más experiencias de economía solidaria y comunitaria, algo que en "nuestro mundo" no encontramos, aunque en los últimos años se estén llevando a cabo experiencias muy interesantes.

Además, no es fácil analizar las posibilidades de crecimiento del CJ en América Latina: la falta de datos sobre producción, comercialización y ventas nos dificulta el estudio de potencialidades de este tipo de comercio en la región. Seguramente, la constitución de un movimiento de CJ, así como lo podemos entender nosotros europeos, en América Latina es algo complicado. Sobre todo porque un CJ latinoamericano significaría un comercio Sur-Sur que, a pesar de todos los procesos de integración vigentes, es algo todavía poco desarrollado. Basta con analizar los datos del comercio intrarregional para darnos cuenta de las escasas relaciones comerciales Sur-Sur y, por supuesto, de las dificultades que se presentan a la hora de hablar de un CJ Sur-Sur. Algunos ejemplos:

- ALADI (Asociación Latinoamericana de Integración): en 2006, el coeficiente de comercio intragrupo era un 14,6 por ciento[30].
- CARICOM (Caribbean Community and Common Market): en 2006 el porcentaje de las exportaciones dirigida al CARICOM en las exportaciones totales del grupo era del 14,6 por ciento[31].
- CAN (Comunidad Andina de Naciones): en 2006 el coeficiente de comercio intragrupo era sólo un 10,2 por ciento[32].
- Mercosur (Mercado Común del Sur): en 2006 Brasil representó el 58,1 por ciento de toda las exportaciones del Mercosur (Argentina el 35,5 por ciento, Paraguay el 3 por ciento, Uruguay el 3,4 por ciento y Venezuela el 4,5 por ciento), pero sólo el 12,6 por ciento de sus exportaciones están dirigidas hacia el Mercosur. En general,las exportaciones intragrupo sólo alcanzan el 13,5 por ciento de las totales[33].

La mayoría de las economías latinoamericanas son competitivas y no complementarias, y ello facilita las exportaciones hacia otros continentes pero no hacia los vecinos. Así que tampoco el CJ Sur-Sur se ve favorecido por esta situación. Además, las escasas infraestructuras a nivel regional tampoco lo facilitan. Las posibilidades de crecimiento del CJ Sur-Sur en el continente latinoamericano hoy en día son de verdad muy frágiles, así como lo son las posibilidades de una verdadera integración.

Sin embargo, las exportaciones de productos de CJ latinoamericanos hacia los países del Norte están aumentando sobre todo dado el significativo aumento de pequeños productores que participan de la producción en cooperativas u organizaciones de CJ. Por ejemplo, entre el año 2000 y el año 2007 el número de miembros asociados a Soppexcca en Nicaragua ha aumentado de 68 a 700 y las exportaciones de café han variado notablemente. Las exportaciones de café de CJ certificado FLO de la Junta Nacional del Café peruana han aumentando desde los 16.000 quintales en el año 2000 hasta los 243.689 quintales en 2006. Y estos valores consideran sólo el café certificado de CJ y no el café orgánico o el sostenible. Para el caso peruano también son interesantes los datos sobre las exportaciones de productos artesanales de CJ. Entre 2001 y 2003 estas exportaciones han pasado desde un valor de 1.619.215 a 2.321.433 dólares, representando en 2003 el 7 por ciento de las exportaciones nacionales de artesanías[34].

La Central de Artesanos del Perú (CIAP), en los últimos años, ha ido aumentando mucho sus exportaciones de artesanía hasta llegar en 2007 a estos valores:

EXPORTACIONES DE PRODUCTOS ARTESANALES DE LA CENTRAL DE ARTESANOS DEL PERÚ EN DÓLARES Y PORCENTAJE DEL TOTAL DE LAS EXPORTACIONES EN LOS AÑOS 2005 Y 2007

	ITALIA	FRANCIA	EE UU	ESPAÑA	AUSTRIA	AUSTRALIA	CANADÁ	INGLATERRA
2007	386.197 (35)	233.228 (21,14)	232.238 (21,05)	56.963 (5,16)	51.481 (4,67)	50.513 (4,58)	31.302 (2,84)	25.526 (2,31)
2005	272.648 (36,16)	209.924 (27,84)	175.418 (23,26)	34.647 (4,59)	27.641 (3,67)	12.182 (1,62)	7.872 (1,04)	12.111 (1,61)

FUENTE: CIAP.

En 2005, el 87,15 por ciento del total de las exportaciones era directo a organizaciones miembros de IFAT, el 7,82 por ciento a organizaciones de CJ que no forman parte de IFAT y el resto (5 por ciento) al comercio convencional. En 2007, los primeros dos porcentajes cambian en 71 por ciento y 24 por ciento.

La Fundación Solidaridad chilena alcanzó en 2004 unos 130.000 dólares de exportaciones, principalmente hacia Estados Unidos (37 por ciento), Francia (19 por ciento), España (11 por ciento), Dinamarca, Alemania e Inglaterra (6 por ciento), Italia (5 por ciento)[35].

Coopeagri (Costa Rica) en los últimos años está viviendo un extraordinario crecimiento de sus exportaciones hacia Europa, menos hacia España, cuyo mercado se le abrió sólo el año pasado, evidenciando la importancia de los contactos directos entre las organizaciones de la sociedad civil más organizadas y que más años llevan en el CJ internacional y los grupos de productores:

EXPORTACIONES DE AZÚCAR DE COOPEAGRI, EN SACOS DE 50 KG, HACIA EUROPA EN EL PERIODO 1994-2007

AÑO	SACOS	AÑO	SACOS	AÑO	SACOS	AÑO	SACOS
1994	2.400	1995	4.800	1996	6.400	1997	2.000
1998	3.600	1999	6.400	2000	6.800	2001	8.000
2002	8.800	2003	9.800	2004	12.500	2005	11.520
2006	10.680	2007	13.870				

FUENTE: COOPERAGI.

EXPORTACIONES DE CAFÉ DE COOPEAGRI, EN SACOS DE 46 KG, HACIA EUROPA EN EL PERIODO 2004-2008

2004-2005	2005-2006	2006-2007	2007-2008
420	1.868	8.115	16.557

FUENTE: COOPERAGI.

El gran aumento, en los años del nuevo siglo de las exportaciones hacia los mercados de CJ del Norte es un hecho confortante pero, al mismo tiempo, como dije antes, puede representar el peligro de convertirse en otro tipo de dependencia. Hay organizaciones de productores, como la asociación boliviana de artesanos indígenas Q'Antati, que solamente exporta (el 55 por ciento a EE UU y el 45 por ciento a la UE) y no vende al mercado nacional[36]. Ser tan dependiente del extranjero puede mejorar las condiciones de base a corto plazo, pero a largo plazo no ayuda al desarrollo local.

Por ejemplo, la Asociación Solidaria de Artesanas Pachamama de Bolivia (ASAP) estaba conociendo en los últimos años un buen crecimiento de sus exportaciones hacia Europa: 10.000 dólares en 2005, 40.000 dólares en 2006, 70.000 dólares en 2007. Sin embargo, en 2008, a causa de una espectacular subida del precio de la lana de Alpaca pero también por un cambio en las estrategias de la importadora italiana CTM Altromercato, a la cual llegaban las exportaciones de ASAP, las exportaciones han bajado a 11.000. Por esta razón, es siempre mejor ampliar los mercados internos y diversificar la producción: Relacc Perú, que comercializa principalmente quínoa, vende un 25 por ciento de sus productos agropecuario a tiendas al menor y un 10 por ciento a panaderías, superando en 2003 los 350.000 dólares en volumen de ventas totales[37]. La Fundación Chol-Chol chilena vende el 80 por ciento de sus productos en el territorio nacional, el 13 por ciento lo exporta a la UE (sobre todo a Italia) y un 6 por ciento a EE UU[38].

Lo que sí falta en América Latina es el compromiso de las instituciones nacionales: a parte algunos Gobiernos como el de Evo Morales o de Rafael Correa, que explícitamente hacen un llamamiento a la comunidad internacional para que apueste por un comercio con justicia, son pocos los que han tomado en serio las prácticas de CJ ya presentes en los respectivos países, sobre todo porque no cuentan con redes bien organizadas y producciones tan diversificadas como la ecuatoriana y la boliviana. Un ejemplo bastante positivo es la creación, al interior del Ministerio de Trabajo y Empleo de Brasil, de la Secretaría Nacional de Economía Solidaria[39] que, junto al Foro Brasileño de Economía Solidaria (40), analizó la situación nacional con respecto a las actividades de la economía con justicia: en 2007 se contaban más de 21.000 actividades económicas solidarias (no todas ligadas al CJ) con un número de trabajadores de 1.687.496 personas (el 62,6 por ciento hombres y el 37,4 por ciento mujeres) y una media anual de 1.500 nuevas actividades entre 2003 y 2007, mientras que en los años noventa el promedio era de 855[41].

Sin embargo, frente al incremento acelerado en el costo de los alimentos a nivel mundial, las atenciones de los Gobiernos nacionales hacia la soberanía alimentaria y a las redes de comercializaciones comunitarias que la puedan sostener están aumentando. El 7 de mayo de 2008 se celebró en Managua, Nicaragua, la Cumbre de Presidentes sobre "Soberanía y Seguridad Alimentaría: alimentos para la vida"; ahí los presidentes de las repúblicas de Nicaragua, Bolivia, Ecuador, Honduras, Venezuela, Saint Vincent y las Grenadinas, Haití, Guatemala, México, Belice y República Dominicana una vez más han recordado que "los países desarrollados (Unión

Europea, Estados Unidos y Japón) mantienen una política de subsidios a la producción agrícola que supera los 327 mil millones de dólares anuales, que representan un promedio del 34 por ciento de los ingresos agrícolas de esos países" y que todas estas distorsiones se convierten "en barreras al comercio justo", pero también se comprometieron en preparar un "plan de acción conforme a los principios de solidaridad y cooperación, entre los países participantes; de complementariedad y reconocimiento de asimetrías; de comercialización justa entre y, a lo interno, de los países; precio justo a los productores y consumidores"[42].

Es un panorama en el cual el giro a la izquierda de muchos Gobiernos latinoamericanos puede ser muy útil a la expansión del movimiento del CJ en la región. El CJ tiene mucho que ofrecer al DES de los países del Sur y, como veremos a continuación, es una óptima estrategia para encaminarse hacia las metas de milenio.

En el próximo apartado, a través del análisis de los informes del BID, de las Naciones Unidas y de la CEPAL, voy a resumir la situación actual de la región frente a los ODM para después ver cómo los principios del CJ y la manera de actuar de las redes del movimiento puedan incidir profundamente en un desarrollo de tipo transversal que no mire al simple aumento de los ingresos.

2. AMÉRICA LATINA Y LOS OBJETIVOS DEL MILENIO

> LOS ODM AÚN SON FACTIBLES SI ACTUAMOS YA. PARA ELLO, SE PRECISARÁ UNA GESTIÓN GLOBAL ACERTADA, UN AUMENTO DE LA INVERSIÓN PÚBLICA, UN CRECIMIENTO ECONÓMICO, UNA MAYOR CAPACIDAD PRODUCTIVA Y LA CREACIÓN DE PUESTOS DE TRABAJO DIGNO.
>
> Ban Ki-moon, secretario general de las Naciones Unidas[43]

Ya a partir de la segunda mitad de los años ochenta, pero sobre todo a partir del llamado "Consenso de Washington" del 1990, América Latina se convirtió en el banco de pruebas de un nuevo modelo de desarrollo comúnmente llamado neoliberalismo. Las políticas de privatizaciones, liberalizaciones financieras y apertura comercial lograron una importante estabilidad económica pero también intensificaron la desigualdad y la exclusión social. Como consecuencia de ello, en muchos países de la región nacieron, y en varios casos están ganando terreno, movimientos sociales y nuevas fuerzas de gobierno que intentan romper con las receptas del Fondo Monetario Internacional o del Banco Mundial, para buscar un crecimiento más equitativo y sustentable.

Después de una década perdida y otra medio perdida, a finales de los noventa Latinoamérica se encontraba en una situación de gran desigualdad: el quintil más rico de su población recibía el 60 por ciento de los ingresos, mientras que el más pobre tenía que apañársela con un miserable 3 por ciento[44]. La región crecía (y sigue haciéndolo al 5 por ciento en 2007 y con una tasa esperada para 2008 del 4,6 por ciento)[45], pero crecía de manera desigual, reproduciendo en muchos casos los patrones de exclusión y de desarrollo típicos del periodo colonial.

Además de una generalizada desigualdad en la distribución de los ingresos, la consecuencia más obvia de las políticas consensuadas en Washington fue una enorme desigualdad de acceso a cualquier servicio básico: educación, tierra, salud[46], agua fueron atacados por programas de privatización que favorecieron unos pocos en contra de la mayoría de la población. Por ejemplo, "el promedio de escolaridad del 20 por ciento de la población más pobre es de cuatro años, mientras que el del 20 por ciento más rico asciende a diez años"[47].

Pero quizá el indicador más representativo de este crecimiento con desigualdad sean las tasas de pobreza e indigencia: en 1980 vivían en la región 136 millones de pobres (la mitad indigentes); en 2002, 221 millones de pobres, de los cuales 97 eran indigentes. A partir de 2002 se están registrando mejoras en casi todos los países, tanto que las cifras se reducen a 205 y 79 millones respectivamente en el año 2005, 194 y 71 en el año 2006[48]. En Brasil y México se concentra el 39 por ciento de los indigentes de la región, el 37 por ciento de la población rural y el 13 por ciento de la población urbana es indigente, con extremos como Costa Rica, Guatemala, Honduras,

Panamá, Paraguay y Perú, donde reside el 65 por ciento o más de los indigentes del país[49]. El acercamiento al primer objetivo es seguramente más difícil y más lento en las zonas rurales, y más complicado con las comunidades indígenas o de afrodescendientes que, además de ser víctimas de prejuicios étnico-raciales sufren "la pérdida progresiva de tierras, el quiebre de las economías comunitarias, el menor acceso a los servicios educativos y de salud... al crédito y a nuevas tecnologías" y, en general, trabajan por un sueldo inferior a los demás[50]. Entre 2000 y 2006 la caída de las tasas de pobreza y de indigencia es general, sin embargo, 11 de los países latinoamericanos presentan niveles de pobreza superiores al nivel de pobreza esperado al nivel de desarrollo correspondiente[51]; en el interior de este grupo encontramos todos los países centroamericanos que, sin duda, presentan las situaciones más difíciles.

Dicho esto, América Latina todavía está lejos del 50 por ciento de reducción establecido en el Objetivo 1 de la Declaración del Milenio[52], aunque es cierto que la brecha de pobreza se está reduciendo y que el Índice de Desarrollo Humano (IDH) promedio de la región está aumentando (0,78 en 2003 y 0,8 en 2007; los países de la OCDE están en 0,91). Después de una reducción del 40 por ciento en los años noventa y un retroceso en el bienio 2001-2002, "el porcentaje de avance hasta 2004 es del orden del 34 por ciento, pese a que ha transcurrido más de la mitad (56 por ciento) del tiempo previsto para el logro de la meta"[53]. La CEPAL argumenta que "un crecimiento del PIB similar al crecimiento de la población durante los próximos ocho años bastaría para que la región cumpla con el desafío planteado en la Declaración del Milenio"[54] y que en general la región está recorriendo el justo camino[55], pero también subraya cómo en los Objetivos del Milenio no se hable ni de empleo ni de salarios dignos, cuando los recursos que mantienen a una familia por encima del umbral de la pobreza dependen en gran parte de los ingresos laborales[56]. De todas maneras me parece útil recordar que una distribución más equitativa de los ingresos (el gran desafío de la región) podría tener efectos muy positivos en la reducción de la pobreza; "se estima que la tasa de crecimiento regional proyectada para alcanzar la meta de pobreza extrema podría reducirse aproximadamente 0,2 puntos porcentuales por cada punto porcentual de reducción en el coeficiente de Gini"[57]. Esto supone necesarias reformas de las políticas fiscales.

La segunda meta del primer objetivo es reducir a la mitad, entre 1990 y 2015, el porcentaje de personas que padezcan hambre; según Naciones Unidas es muy probable que la meta se alcance a nivel regional[58], sin embargo, "aun si se cumpliese la meta, dado el aumento previsto de la población, en el año 2015 habría en América Latina y el Caribe más de 40 millones de habitantes en situación de subnutrición"[59].

El ligado entre pobreza y educación a veces no es muy claro (¿qué pasa por ejemplo si todos los "cerebros" de un país emigran? Que la educación en un país sirve al progreso de otros...), sin embargo, la "incidencia de la pobreza en hogares encabezados por personas que alcanzaron sólo la educación primaria (41,3 por ciento) es más de ocho veces mayor que en hogares encabezados por personas con educación superior (5,1 por ciento). Asimismo, la incidencia de pobreza es más aguda en el área rural, donde más que duplica la de las zonas urbanas (59,1 por ciento contra 26,1 por ciento)"[60]. En América Latina, la desigualdad en el nivel educativo refleja claramente las desigualdades económicas: hasta en países como Chile, donde se han implementado grandes reformas para escolarizar a la totalidad de la población, el sistema educativo sigue siendo muy desigual y esto se nota en el momento de considerar la movilidad social, casi inexistente, de los chilenos. Pero, en general, el *segundo objetivo* será de posible alcance para la región, donde la cobertura educativa se está extendiendo en todos los países, aunque siempre con sus diferencias internas según las directrices urbano-rurales y étnicas. Pero no todos los estudios concuerdan: según Naciones Unidas en el año 2015 se llegará a un porcentaje del 93,6 por ciento de estudiantes entre 15 y 19 años que terminan el ciclo de educación primaria. Sin embargo, en países como El Salvador, Guatemala, Honduras o Nicaragua entre un quinto y un tercio de dichos estudiantes no completarán el nivel primario[61]. El logro del segundo objetivo no significa al mismo tiempo mejoras a nivel de calidad de educación: las inversiones en infraestructuras permitieron extender los servicios educativos, pero este progreso en la escolarización a menudo no fue acompañado por avances en el empleo de nuevos docentes, en la formación y capacitación de los actuales maestros ni tampoco por la provisión de los necesarios materiales escolares[62]. Este tipo de escolarización tampoco garantizó el acceso o la progresión en los ciclos de educación superior, que en la región sigue marcando las diferencias entre excluidos y no excluidos sobre todo con respecto a las futuras posibilidades de empleo[63].

Con respecto al *tercer objetivo*, poco a poco las brechas entre hombres y mujeres se están reduciendo pero las mujeres trabajan sobre todo en sectores informales y de baja productividad. Por ejemplo, en el sector agrícola el 40 por ciento de los empleados son mujeres[64]. Las diferencias de salario todavía son fuertes aunque existan algunas "islas felices" como Costa Rica y Uruguay, donde las mujeres reciben un salario por hora sólo el 10 por ciento más bajo que el salario de sus colegas hombres[65]. En 2002 la situación general de la región veía a las mujeres alcanzar sólo el 69 por ciento de los ingresos masculinos y el 84 por ciento de los salarios de los hombres[66]. También desde el punto de vista de la participación de las mujeres en la vida política del país las cosas están cambiando: "en 1990 las mujeres ocupaban el 9 por ciento de los escaños, mientras que en 2003 esta cifra ha aumentado al 15 por ciento"; Venezuela y Colombia son los dos países que más incrementaron la presencia de mujeres en cargos políticos y de representación[67]. Según el informe del BID la región tiene muy altas posibilidades de alcanzar las metas relativas a la igualdad de género en el salario y en la educación, pero con respecto a la participación en la vida política el objetivo de la igualdad todavía está lejos.

El tema del género es muy importante a la hora de analizar los datos sobre los avances en materia de ODM, así como a la hora de establecer políticas, entender el tema como un tema transversal que interesa a todas las metas. Manteniéndose las tendencias observadas en los años noventa, la mortalidad en la niñez y la infantil deberían disminuir alrededor del 54 por ciento, un valor inferior a los dos tercios del *Objetivo 4* de la Declaración; sin embargo, estas cifras, elaboradas por la Organización Panamericana de la Salud, defieren de los datos del Informe del Desarrollo Humano 2003 de las Naciones Unidas que, al contrario, consideran factible el logro del objetivo[68].

Entre 1990 y 2003 la tasa de mortalidad infantil ha disminuido en 40 puntos porcentuales, siendo esta disminución la más importante del mundo. Sin embargo, existen países como Haití donde la tasa llega a los 60 por mil niños nacidos vivos, o Bolivia, que alcanza un 54-55 por mil. El promedio de la región está en 25,6 por mil[69].

Respecto al *Objetivo 5*, se calcula que en la región siguen muriendo 190 mujeres cada 100.000 nacimientos, esto significa 22.000 mujeres muertas al año[70]. "Para cumplir este ODM la tasa de mortalidad materna promedio en la región entre 2000 y 2015 debería reducirse en 8,8 por ciento al año, comparada al 8,4 por ciento del promedio mundial y al 8,5 por ciento, 7,8 por ciento y 2,3 por ciento en África, Asia y Oceanía, respectivamente"[71]. El BID evidencia algunos desafíos para lograr el objetivo: desarrollar programas integrados de salud reproductiva para bajar las altas tasas de embarazo en la adolescencia y educar sobre la prevención; combatir la falta de acceso a estos programas y servicios de salud sobre todo en las poblaciones rurales e indígenas; poner en marcha programas de comunicación social en los medios y en las entidades educativas; mejorar las investigaciones y las bases de datos permitiendo el seguimiento del problema. Todo esto naturalmente puede ser respaldado sólo por un mayor compromiso financiero por parte de los Gobiernos[72].

El panorama de extensión del SIDA[73] es preocupante: a fines de 2002, había dos millones de personas viviendo con VIH/SIDA en América Latina y el Caribe, un 10 por ciento más que en 2001. La enfermedad se propaga sobre todo en los sectores más pobres y vulnerables de la población, donde la actividad sexual insegura alcanza altos niveles. El Caribe y Centroamérica mantienen el récord negativo: en el Caribe, con una tasa del 2,3 por ciento, la más alta después del África Subsahariana, el SIDA se ha convertido en la causa de muerte más importante en los adultos entre 15 y 49 años[74]. En 2004 el BID se mostraba muy negativo al respecto, subrayando la dificultad en obtener "reducciones en la prevalencia a corto plazo, dado que el virus de inmunodeficiencia humana tiene un largo periodo de latencia"[75]. También es importante tener en cuenta que los portadores del VIH/SIDA pueden sufrir estigmatización y discriminación y de esta manera empeorar enormemente la ya triste situación de exclusión económico-social, así como las dificultades para las mujeres en la toma de decisiones autónomas e informadas con respecto a sus actividades sexuales y reproductivas. Con respecto a otras enfermedades, en 2002 se alcanzó la cifra más baja, desde 1993, de afectados por el paludismo, 885.000 casos, y en 2003 esta cifra bajó aún hasta 850.000 casos[76]; sin embargo, es difícil afirmar si la región de verdad está avanzando en la erradicación del paludismo, porque los índices aumentan y disminuyen frecuentemente. Pero, en general, "los esfuerzos realizados para erradicar el paludismo durante la década pasada no han tenido el éxito deseado"[77]. Latinoamérica es una región muy rica en biodiversidad: "27 por ciento de las especies de mamíferos conocidas del mundo, el 37 por ciento de las especies de reptiles, el 43 por ciento de las especies de aves, el 47 por ciento de los anfibios y el 34 por ciento de las plantas de floración conocidas", pero sólo el 11,5 por ciento de la superficie total del continente representa áreas protegidas[78].

Además, todo parece apuntar a una degradación del medio ambiente y a un continuo descuido, lo que depende también en gran medida de las acciones de empresas transnacionales que en otros continentes no se atreverían a actuar tan irresponsablemente como lo hacen en América Latina. La deforestación, por ejemplo, está aumentando brutalmente, tanto que con respecto al indicador 25 (Proporción de la superficie cubierta por bosques) sólo los países del Caribe y Uruguay están cumpliendo con la salvaguardia[79]. Los Estados de la región carecen de compromisos serios por la defensa del medio ambiente y a menudo, "abrirse a organizaciones no gubernamentales nacionales e internacionales... es percibido como un elemento debilitador de la autoridad" y no como una posibilidad para trabajar hacia la sostenibilidad ambiental[80]. Igualmente prioritario sería impulsar nuevas políticas energéticas, más eficientes y más sustentables. Muy importante es la meta 10 del Objetivo 7 (Reducir a la mitad, para el 2015, la proporción de personas que carecen de acceso sostenible al agua potable), sobre todo porque está directamente ligada con el logro de otros objetivos. El BID estima que "75 millones de habitantes no tienen acceso a agua limpia, representando un

7 por ciento de la población urbana y 39 por ciento de la rural. El 60 por ciento de las viviendas urbanas y rurales con conexión no tiene servicio de agua continuo. Unos 116 millones de personas no tienen acceso a servicios sanitarios. Esto representa un 13 por ciento de la población urbana y un 52 por ciento de la rural", de manera que el camino parece aún muy largo y las tendencias parecen advertirnos que el objetivo no se cumplirá[81].

El *último objetivo* me interesa particularmente en este trabajo porque "fomentar una asociación mundial para el desarrollo" es lo que en concreto está intentando hacer el movimiento internacional de CJ. Lamentablemente para este objetivo no se fijó una fecha, lo cual no ayuda al momento de comprometerse con cambios concretos. La meta 12, "Desarrollar aún más un sistema financiero y de comercio abierto, regulado, previsible y no discriminatorio", llama la atención, y nos lleva a reflexionar sobre las reglas del comercio internacional, de las cuales estaba hablando en la primera parte de este trabajo. Así como la meta 13 donde, más explícitamente, se afirma que ayudar el desarrollo de los países menos adelantados también significa garantizar "el acceso libre de aranceles y cupos para las exportaciones de los países menos adelantados, el programa mejorado de alivio de la deuda de los países pobres muy endeudados y la cancelación de la deuda bilateral oficial, así como la concesión de una asistencia oficial para el desarrollo más generosa a los países que se hayan comprometido a reducir la pobreza"[82].

Como podemos apreciar a través de este pequeño resumen sobre los logros hacia las metas del Milenio, la situación actual no parece ser de las más favorables. Algunas metas parecen de fácil alcance, pero la mayoría no. Además, hay diferencias sustanciales entre las varias subregiones. En el próximo capítulo intentaré demostrar cómo la filosofía del CJ puede ser una respuesta adecuada y seguramente innovadora para acercarse aún más a las metas del Milenio, siempre teniendo claro que las solas relaciones entre las organizaciones de CJ del Norte y del Sur nunca representarán la panacea contra todos los males, pero sí, a mi juicio, pueden representar una nueva manera de entender la cooperación al desarrollo.

3. LOS CRITERIOS DEL COMERCIO JUSTO, LOS OBJETIVOS DEL MILENIO Y EL DESARROLLO ECONÓMICO Y SOCIAL DE AMÉRICA LATINA

> PROPER ECONOMIC PRICES SHOULD BE FIXED NOT AT THE LOWEST POSSIBLE LEVEL, BUT AT A LEVEL SUFFICIENT TO PROVIDE PRODUCERS WITH PROPER NUTRITIONAL AND OTHER STANDARDS.
>
> John Maynard Keynes (1944)

Como acabamos de ver, el camino hacia los ODM parece de todo menos fácil. Todavía falta mucho por hacer y las expectativas no son ciertamente positivas, aunque algunas metas sí se pueden alcanzar en pocos años.

En esta parte del capítulo veremos cómo los criterios del CJ, la manera de concebir las relaciones Norte-Sur, la cooperación entre los fundamentales actores del movimiento del CJ (productores, importadoras, tiendas y consumidores) se pueden acercar notablemente a la estrategia que está detrás de los ODM, y sobre todo veremos cómo el CJ puede representar una estrategia concreta para encaminarse hacia el Objetivo 8, crear una verdadera asociación mundial para el desarrollo. Esta asociación mundial, a mi juicio, nunca se podrá lograr si no tiene una fuerte base de consenso en las organizaciones de la SC, así como la entiendo en este trabajo.

Lamentablemente no existen muchos estudios de caso sobre el impacto real del CJ en las comunidades de productores del Sur del mundo, así como en la vida de los consumidores del Norte. Tampoco existen buenos trabajos de evaluación de los proyectos de cooperación llevados a cabo paralelamente a las actividades de CJ, pero esto es una carencia en toda la cooperación internacional al desarrollo y no solamente en el ámbito del CJ. Hay seguramente varios motivos: a veces la falta de recursos y la falta de profesionalidad limitan los trabajos de seguimiento y evaluación. Sin embargo, personalmente creo que el problema de fondo es la general falta de "cultura de la evaluación", y esto a todos los niveles de vida, personales como laborales. Todavía nos cuesta mucho aceptar nuestros errores, pero sobre todo nos cuesta compartirlos, publicar nuestros informes de evaluación de manera que otros puedan aprovechar las experiencias negativas para no volver a repetir los mismos errores.

Pero este "aprovechar" se sigue entendiendo como algo negativo y la cultura del *copyleft*, también en la cooperación para el desarrollo, gubernamental como no gubernamental, es un concepto bastante difícil de promover. Sin embargo, una alianza mundial para el desarrollo sin compartir experiencias, conocimientos, errores y oportunidades me parece sinceramente de complicada realización.

Utilizando entonces algunos de los estudios de casos sobre CJ y las informaciones de varias organizaciones de CJ latinoamericanas disponibles en Internet, intentaré explicar cómo a través del CJ se pueden tocar todos los objetivos de la Declaración del Milenio y hacerlo de una manera que comprometa activamente a la SC y a los pequeños productores de los PED, sin que éstos se vuelvan dependientes de una Ayuda Oficial al Desarrollo (AOD) que, en el "otro mundo posible", está inevitablemente destinada a la desaparición.

Lo primero en que un consumidor del Norte piensa cuando nos referimos al CJ es seguramente el precio de los productos que puede encontrar en una de las típicas tiendas solidarias. En realidad, es muy difícil poder establecer cuál sea de verdad el "precio justo": podemos decir que las organizaciones de CJ pagan un "precio más justo" porque es siempre más alto que el precio del mercado internacional. Nos puede ayudar, como vimos anteriormente, el ejemplo del café, el producto de CJ más vendido en el mundo. El café es propiamente un producto del Sur del mundo y América Latina se lleva gran parte de la producción mundial, pero su consumo es esencialmente del Norte del mundo: el 80 por ciento de todo el café producido en el mundo se consume en los países del Norte, el 50 por ciento en la Unión Europea y el 25 por ciento en Estados Unidos. Garantizar un precio mayor que el precio en el mercado internacional es seguramente uno de los logros más significativos del CJ, pero no es el único.

La verdadera importancia del precio garantizado por el CJ es su estabilidad. Mantenerse estable en el tiempo permite a los productores programar su producción y sus actividades a favor de la comunidad. Si dependieran de un precio volátil como el precio en el mercado internacional, siempre estarían sujetos a subidas y bajadas que les obligaría a pensar a corto plazo y no en el DES de la propia comunidad. Éste es el elemento fundamental del CJ: pensar a largo plazo a través de relaciones comerciales estables y solidarias. "Saber que nos pagarán un precio fijo nos da estabilidad. Gracias a esta seguridad los productores no quedamos completamente a la merced de la oferta y la demanda. Sabemos que nos pagarán al menos 69 dólares por quintal y con esta garantía podemos hacer planes a largo plazo y robustecer la empresa"[83], relata Felipe Cancari Capcha, de la cooperativa EL CEIBO, en Bolivia.

Finalmente, garantizar un precio mayor permite a los pequeños productores acceder al crédito, otra cosa de las cuales siempre han sido excluidos, viendo así extremadamente limitadas sus posibilidades de desarrollar una producción de mayor calidad, de invertir en nuevas infraestructuras y de esta manera encontrar nuevas oportunidades de mercado. Todo ello ayuda también a la autoestima: aunque se le dé muy poca importancia, la autoestima es fundamental a la hora de considerar la voluntad de trabajar y mejorar las propias condiciones de vida[84]. Más aún si consideramos las condiciones de partida de los pequeños productores marginales: pequeñas parcelas, volumen de producción reducido, escasa calidad, difícil accesibilidad a los mercados, insuficientes capacidades técnicas y conocimientos del mercado, limitadas informaciones sobre las tendencias de consumo y de los flujos de mercados[85].

La Unión de Cooperativas Agropecuarias SOPPEXCCA[86], de Jinotega (Nicaragua), además de vender un café de calidad, vende un producto sostenible. Sostenible en el sentido de que su producción está pensada a largo plazo. De hecho, para no pesar en las generaciones futuras, para proteger el medio ambiente, para garantizar la seguridad alimentaría de toda la comunidad campesina y para que la cooperativa no dependa demasiado de la exportación del café, Soppexcca promueve también otros cultivos como el cacao orgánico, la yuca, árboles frutales, hortalizas de patio y el manejo de vacas paridas u ovejas. Y éste es otro de los objetivos primarios del CJ: evitar que los productores sigan dependiendo de la exportación de un solo producto, a través del fomento de una producción diversificada que sea sostenible también en el mercado interno y que genere los necesarios eslabonamientos hacia delante (por ejemplo empresas de empaquetamiento, empresas transportistas, etc.) y hacia atrás (empresas que producen fertilizantes, semillas, tractores, recolectoras, etc.), para juntar todos los anillos de la cadena productiva y desarrollar un tejido económico que ayude el DES de la comunidad. De hecho, los tres problemas básicos de los pequeños productores del Sur son: precios bajos, inestabilidad de los precios y actividad de bajo valor añadido. La Unión de Comunidades Indígenas de la Región del Istmo (UCIRI), en México, también está empezando a dedicarse a nuevos productos, sobre todo mermeladas, zumos y concentrados: la Unión ya tiene una planta de procesamiento en Lachivizá Guienagati, la sede de UCIRI. Hay cooperativas del Sur que han desarrollado todo un sistema ligado a la producción de productos para el CJ y que al mismo tiempo no venden sólo al CJ internacional, sino que logran crear y mantener un mercado interno, y entonces generar una autosostenibilidad para toda la comunidad, que en el futuro permitirá no depender al 100 por ciento de las demandas del Norte. Una de estas experiencias, como ya hemos visto, es CAMARI en Ecuador[87]. Camari es una red formada por varias organizaciones de productores cuyo objetivo fundacional fue encontrar una solución que permitiera la comercialización agropecuaria y artesanal de pequeños productores principalmente en el mercado interno, para crear un sistema de comercialización nacional sostenible. En esta búsqueda hacia la sostenibilidad Camari encontró en el CJ un aliado fiel, solidario y responsable.

Es indudable que pagar un precio más justo significa garantizar un salario más digno a los pequeños productores o campesinos del Sur, que representan las capas más excluidas junto a los pobladores de las grandes ciudades. Garantizar un sueldo mayor significa luchar para reducir el porcentaje de personas cuyos ingresos son inferiores a 1 dólar por día (Objetivo 1, meta 1) e, indirectamente, gracias a un sistema de producción más sustentable y dirigido no solamente a la exportación, sino también a la soberanía alimentaria, reducir el porcentaje de personas que padecen hambre (Objetivo 1, meta 2). Hay muchas iniciativas que responden a esta segunda meta: por ejemplo en la Asociación de Pequeños Productores Bananeros "EL GUABO", los trabajadores afiliados al Instituto

Ecuatoriano de Seguridad Social (IESS) reciben una canasta de productos alimenticios (arroz, azúcar, fideos, café, aceite y otros) por un valor de 10 dólares por mes. El Guabo también participa activamente en actividades de beneficio para otras asociaciones de la comunidad: por ejemplo brinda apoyo a la guardería de la Asociación Agroartesanal "Santa Isabel de Florida". Además, implementa un programa de alimentación suplementaria llamado "Bananito", en el Instituto de Educación Especial "San Antonio de Papua" y en dos guarderías "Rincón de los Bajitos" y "Nacidos para Brillar".

La Federación de Cooperativas de Café de Guatemala (FEDECOCAGUA) otorga créditos a tasas favorables y proporciona un apoyo fundamental en la gestión empresarial y administrativa a sus cooperativas. Desde cuando la empresa ecuatoriana Hoja Verde ha recibido el apoyo del sello FLO, los trabajadores reciben un colmado, una cesta mensual de productos básicos a un precio reducido[88]. La cooperativa chilena de vinos Los Robles creó, en el año 2000, el "Fondo Social y Ecológico", con el cual se financian actividades y proyectos que benefician a todos los habitantes del Valle de Curicó, y no solamente a los socios. Dentro de estos proyectos, muy relevante es el tema de la vivienda digna para los más necesitados. Además, la cooperativa compró un autobús que donó al Ayuntamiento para permitir el transporte escolar[89].

El apoyo al DES de las comunidades donde se encuentran los pequeños productores es también muy evidente cuando se trata de apoyar las inversiones en infraestructuras, muy carentes en casi todas las comunidades campesinas de la región latinoamericana: por ejemplo ASOBANU[90], una asociación de productores de banano en el noroeste de la República Dominicana, a través del apoyo del CJ, pudo llevar a cabo varios proyectos en infraestructuras entre los cuales el mejoramiento de las carreteras y las vías de comunicación que permite a lo productores una mejor comercialización de sus productos. En esta dirección se dirigen también los esfuerzos de la Asociación de Pequeños Productores de Banano Orgánico de Samán (APPBOSA) del Perú[91]. El presidente de APPBOSA, Valentín Ruiz, está muy satisfecho: "Con lo que ganamos gracias al comercio justo Fairtrade estamos cambiando las cosas y los socios están entusiasmados y tienen unas ganas tremendas de participar.

Nunca sobran sillas en las reuniones y todo el mundo piensa que los seminarios son muy útiles. Todos estamos de acuerdo en que APPBOSA tiene que fomentar proyectos de interés general"[92].

Gracias a la cooperación internacional y al trato preferencial del CJ, Soppexcca ha logrado apoyar la construcción de tres escuelas (garantizando los cursos de básica) en las comunidades de Sierras Morenas y Los Alpes y se han entregado 3.500 uniformes escolares a niños y niñas en 2007. En estas comunidades antes no había acceso al sistema educativo: durante dos años Soppexcca asumió los gastos de pago de los maestros hasta que el Ministerio de Educación de Nicaragua se hizo cargo de todo. En la Asociación en El Guabo se entrega un bono escolar a los hijos de trabajadores de los productores afiliados a la Seguridad Social del país. COOCAFE[93], en Costa Rica, ha fundado la "Fundación Hijos del Campo" que se dedica a dar acceso y apoyar la permanencia a la educación de los niños y jóvenes de la comunidad (Objetivo 2: Lograr la enseñanza primaria universal). El objetivo de la Fundación es acortar la brecha entre la educación en las zonas urbanas y las rurales del país, y también detener de alguna manera la migración del campesino a la ciudad. "Hijos del Campo" ha desarrollado tres programas: un fondo sirve para financiar infraestructuras y materiales escolares de escuelas del campo especialmente marginales, en respuesta a un problema generalizado que ve el 98,3 por ciento de los gastos del Ministerio de Salud directos a pagar los salarios; una de beca para estudiantes de la escuela secundaria (desde 1997, 574 estudiantes recibieron una beca de 105 dólares al año); otra beca para estudios universitarios (desde 1997, 96 estudiantes recibieron 250 dólares al año)[94].

Sin embargo, el trabajo en educación no se limita a la escolarización de los más pequeños: muchas de las organizaciones latinoamericanas de CJ desarrollan programas también para los jóvenes que se insertarán en el mercado laboral. Soppexcca, por ejemplo, mantiene un programa de becas para que doce jóvenes sigan con los estudios secundarios. Ha instalado el único laboratorio de catación de café del departamento, donde los hijos de los socios de la cooperativa se capacitan permanentemente. Además, se estableció el programa "Muchachitos del Café" que quiere facilitar procesos de educación alternativa en aspectos como el liderazgo infantil, la promoción de valores positivos, la educación ambiental la promoción de habilidades y actitudes culturales. Appbosa organiza cursos y talleres de capacitación para los grupos juveniles: el objetivo es "brindarles herramientas de planeamiento estratégico para que elaboren su propio plan estratégico y así obtenga una herramienta de gestión y ejecuten acciones a favor del desarrollo de sus respectivos pueblos"[95].

UCIRI ha creado el Centro de Educación Campesina cuyo objetivo es "acompañar a jóvenes campesinos en el conocimiento y aplicación de métodos y técnicas para conservar y mejorar la vida en la montaña, partiendo de la reflexión crítica de la realidad"[96], es decir, una manera muy concreta de intentar invertir la tendencia de éxodo desde los campos. Interesante es también la cooperación entre Los Robles y la Facultad de Ciencias Sociales de la Universidad de Chile, a través de la cual se quiere acercar los alumnos a "los procesos democráticos de toma de decisiones y acabar con la falta de autoestima típica de las poblaciones rurales pobres"[97].

Otro de los aspectos fundamentales del trabajo de Soppexcca es reconocer el justo papel de las mujeres en el DES de la comunidad de Jinotega: de los 535 socios de Soppexcca el 35 por ciento son mujeres y las mujeres representan el 40 por ciento de la estructura organizativa de la Unión de Cooperativas Soppexcca. La Unión implementa también acciones de discriminación positiva a favor de las mujeres, como la que ha llevado las mujeres productoras a producir el café "Las Hermanas". Gracias al prefinanciamiento (otro de los principios básicos de CJ) la mujer puede conciliar el trabajo en casa con el trabajo en el campo. Si en el pasado el papel de la mujer ha sido siempre marginado, hoy gracias al trabajo de Soppexcca ha retomado su visibilidad y su importancia (Objetivo 3: Promover la igualdad de género y la autonomía de la mujer). El firme apoyo al empoderamiento de las mujeres es una constante en las cooperativas o asociaciones de pequeños productores de productos de CJ en América Latina: además de estar reflejado en las estructuras organizativas de las organizaciones, éstas desarrollan programas de capacitación específicos para mujeres, pero también para los más jóvenes y los más ancianos que, como las mujeres, son los más afectados en el momento de entrar al mundo del trabajo. Fedecocagua también apoya a un grupo de mujeres que producen artesanía y exportan principalmente a Alemania[98]. El 54 por ciento de los estudiantes universitarios becados por la Fundación Hijos del Campo de COOCAFE son mujeres[99].

El trabajo de Soppexcca en la comunidad se desarrolla también en el ámbito de la salud: a través del programa "Movimiento de Jóvenes" se ha llevado a cabo todo un proyecto de sensibilización entre los jóvenes sobre los temas de embarazo temprano y de prevención de las enfermedades de transmisión sexual, del SIDA y de sus consecuencias a nivel de las mujeres y las familias. Se organizan a menudo talleres de higiene personal y atención primaria. Muy importante son las campañas de sensibilización ambiental y sobre las dañinas consecuencias de la utilización de agroquímicos. La Unión mantiene alianzas de trabajo y cooperación con "Casa Materna" de Jinotega, con la cual se coordinan trabajo de consulta médica, de prevención de la violencia intrafamiliar y de sensibilización sobre los problemas generales de las mujeres en salud. Con la ONG Grounds for Health se han atendido a 450 mujeres actualmente para la prevención y atención del cáncer cérvico uterino. Soppexcca juega un verdadero papel social para el mejoramiento de la salud de la gente de su comunidad: desde la venta social de medicamentos hasta la participación en la Comisión de Niñez y Adolescencia del departamento de Jinotega (Objetivos 4, 5 y 6: Reducir la mortalidad de los niños y niñas menores de 5 años; Mejorar la salud materna; Combatir el sida, la malaria y otras enfermedades).

Varias organizaciones han puesto en marcha proyectos de saneamientos, drenajes y gestión de los recursos hídricos que, además de garantizar sostenibilidad ambiental, tienen efectos muy positivos en las mejoras de los niveles de salud de la población. Por ejemplo, los trabajos de drenaje de la Cooperativa de Artesanos "COPAVIC"[100], en Guatemala. En el ámbito de la salud, UCIRI dedica mucho trabajo a la formación de promotores de salud en cada comunidad, desarrollando la medicina popular para la prevención de enfermedades aprovechando también los recursos naturales. Hoja Verde puso en marcha un programa de prevención del cáncer femenino para las trabajadoras y también para las compañeras de los trabajadores. Además, un programa de revisiones médicas infantiles.

Como ya he dicho, Soppexcca promueve también otros cultivos para que la gente de la comunidad no dependa exclusivamente de la exportación. Además, promueve el cultivo "bajo sombra" para proteger los bosques tropicales, el ecosistema forestal nativo. El 98 por ciento de las áreas donde se produce el café de Soppexcca es bajo sombra. La Unión realiza trabajos de reforestación y protección de las fuentes de agua, también a través del trabajo voluntarios de los grupos de jóvenes. Existe un proyecto de lombricultura para el manejo de los desechos de la producción del café, y también se está instalando una procesadora para producir abono orgánico. Hasta se está promocionando un tipo de turismo con enfoque ecológico-ambiental en dos fincas de pequeños productores. Gracias a los varios servicios prestados por la Unión de Cooperativa y el gran compromiso con el cuidado del medio ambiente, Soppexcca ha sido galardonada en 2007 con el Premio Sostenibilidad por la "Speciality Coffee Association of America", asociación fundada en el 1982 para crear un foro común de productores, tostadores, importadores o exportadores donde poder promover un café de excelencia y sostenible a través del compromiso por la calidad, el espíritu de cooperación, la conciencia social y la sensibilidad para las problemáticas medioambientales (Objetivo 7: Garantizar la sostenibilidad del medio ambiente). En 1993, Coocafé creó la Fundación Café Forestal con en fin de invertir en la producción de café sostenible y en la gestión ambiental y agroforestal, conservación y mejoramiento de la diversidad biológica y educación ambiental. El 63 por ciento de los entrevistados en el estudio de impacto de Ronchi (2000: 20) afirma que ha empezado con la producción orgánica por motivos medioambientales, sobre todo de reducción de los efectos negativos de los químicos utilizados en la producción de mercado; el 37 por ciento lo hizo por el incentivo del *bonus* en el precio por productos orgánicos. Copavic, a su vez, es un buen ejemplo de cómo será "posible organizarse eficientemente para proteger el medio ambiente a través de la transformación del vidrio reciclado en productos de utilidad"[101].

La Asociación Agroartesanal de Caficultores Río Intag (AACRI)[102], además de organizar talleres de capacitación medioambiental e impulsar prácticas de ecoturismo, está gestionando junto al Ministerio del Ambiente de Ecuador el proyecto sobre una futura área protegida con más de 4.000 hectáreas de bosques, con el fin de conservar la biodiversidad y mantener la humedad para las zonas agrícolas.

Como hemos visto, el CJ tiene una visión integral del desarrollo de la sociedad que va más allá de la sola componente comercial: sus objetivos de sostenibilidad a largo plazo abarcan las principales dimensiones económicas, sociales y ambientales del desarrollo y la estrategia sin duda es de tipo transversal. Todos estos objetivos, además, tienen aspectos de democratización de los procesos de toma de decisiones, aspectos de género, de defensa del derecho a la salud, a la educación, del derecho a la diversidad.

En la siguiente parte de este capítulo trataré, de una manera un poco particular, el tema central del Objetivo 8: Fomentar una asociación mundial para el desarrollo. Presentaré un ejemplo concreto de cómo esta alianza estratégica mundial para el desarrollo también puede ser construida desde abajo a partir de actores como los campesinos, los trabajadores desempleados, los movimientos sociales y las organizaciones de CJ. El siguiente caso es también un ejemplo muy concreto de cómo el CJ pueda impulsar un nuevo tipo de relaciones entre las sociedades civiles euro-latinoamericanas.

4. 'TEJER EL FUTURO': UN EJEMPLO DE ALIANZA ESTRATÉGICA PARA EL DESARROLLO

> CADA VEZ QUE ENTRO EN EL TALLER, PIENSO EN LOS MOMENTOS PEORES DEL PASADO Y TAMBIÉN PIENSO EN HOY: LA DEL TALLER ES LA ARGENTINA QUE QUIERO VIVIR.
>
> Margarita, coordinadora del taller de "La Juanita"

Como hemos visto, uno de los elementos clave para un adecuado DES es la diversificación de la producción que permita los eslabonamientos a través de los cuales sea posible no limitar la producción al cultivo y a la exportación de una materia prima, sino más bien favorecer otros niveles de la cadena de producción que puedan dar al producto elaborado un mayor valor añadido. Sin embargo, al principio de este trabajo también hemos visto cómo en este sistema económico internacional los países del Norte prefieren seguir importando en mayor cantidad materias primas y en menor cantidad productos finidos. Siguen poniendo trampas a lo que debería ser un "comercio libre" para defender la producción nacional de manufacturas, obligando los países del Sur menos industrializados a seguir con la sola exportación de materias primas.

Al mismo tiempo, hemos visto cómo la alianza con los movimientos sociales por una parte del movimiento del CJ represente una estrategia útil y necesaria.

En el CJ existe un proyecto que liga estos dos elementos y los convierte en una realidad extraordinariamente interesante y con mucho futuro. Se trata del proyecto "Tejer el Futuro" lanzado en Europa por el Consorcio Italiano de Organizaciones de CJ "CTM-Altromercato"[103] y cuyos frutos se están recogiendo también en otros países del continente, incluido España.

Este proyecto, muy innovador, junta las experiencias de diferentes actores: los campesinos indígenas (en mayoría de etnia toba) de la región del Chaco en el norte de Argentina, los obreros de la Cooperativa Textiles de Pigüé a 600 km de la capital porteña, los desempleados de la Cooperativa La Juanita de La Matanza en el Gran Buenos Aires y CTM Altromercato y para el futuro parece ya estar expendiendo sus contactos y colaboraciones.

¿Cuándo nació este proyecto? Si pensamos en la última grave crisis argentina, nos pasan por la cabeza las imágenes de las cacerolas violentamente golpeadas por las cucharas, por los martillos, los tubos o lo que fuera. Nos acordamos de una canción repetida hasta la náusea y que al final fue como una profecía: "Que se vayan todos, que no quede uno solo". Pero aquellos años de crisis fueron algo más, algo más que los asaltos a los bancos, algo más que la represión policial, algo más que la fuga de los presidentes. Aquellos años amplificaron y dieron a conocer a todo el mundo las contradicciones intrínsecas en Argentina, en su sistema económico, productivo, político y en sus características sociales y culturales, pero también las contradicciones del sistema económico creado por el Consenso de Washington, del cual Argentina fue quizá el alumno más escrupuloso.

A partir de 2002 los ciudadanos argentinos tuvieron que emprender caminos colectivos para hacer frente común a una situación insostenible, para sobrevivir, para volver a creer que algo mejor era posible, para volver a soñar. La reacción a la crisis no se puede simplemente reducir al eslogan "que se vayan todos". La crisis económica creó una burbuja de resentimientos sociales, económicos y políticos de grandes dimensiones y lista para estallar. Los movimientos sociales elaboraron así varias respuestas a esta grave situación. Algunas fueron respuestas de simple (pero fuerte) rechazo contra todo y contra todos, otras fueron propuestas positivas hasta "productivas": de los piqueteros a las redes del trueque, de los cacerolazos a las asambleas vecinales, de las ollas populares a las empresas recuperadas.

En el año 2004 las cooperativas italianas de CJ Chico Mendes[104] y Mandacarù[105] empezaron un proyecto de cooperación en Argentina para sustentar los trabajos artesanales de las comunidades indígenas wichi, también a través de la apertura de una tienda en la capital. Al mismo tiempo, la experiencia de trabajo en la cooperativa Chico Mendes de Milán entusiasmó al argentino Harold Picchi que, de regreso a su país, empezó a entrelazar una red de contactos entre varias actividades de producción solidaria. Nació así la posibilidad de crear una verdadera hilera textil "justa". La idea era construir una cadena de producción enteramente justa y solidaria, desde el cultivo del algodón hasta la exportación de productos terminados hacia los mercados europeos y también nacionales. De esta manera, la cadena iba a incluir a varios actores en los diferentes niveles de la producción.

El primer anillo de la hilera es la Asociación Civil Unión Campesina (en adelante ACUC) nacida en 2002 pero constituida formalmente en el año 2003. La ACUC está compuesta por agricultores (en mayoría de etnia toba) del distrito Pampa del Indio en la provincia del Chaco, donde se produce casi exclusivamente algodón[106]. Después de varios periodos de crisis del sector, en 2004 el Gobierno argentino lanzó un plan algodonero que permitió la recuperación de la producción después de una década de gran inactividad. Ello favoreció el fortalecimiento de la ACUC y la vuelta al campo de muchas familias que durante la crisis se vieron fuertemente afectadas en sus necesidades básicas. Pero de igual manera los pequeños productores del Chaco seguían siendo dependientes de las fluctuaciones del precio del algodón en el mercado mundial.

En este escenario, el consorcio italiano CTM Altromercato decidió empezar una colaboración estrecha con la ACUC, que en primer lugar significó comprar el algodón a un precio más justo, estable y entonces que no bajase en los periodos de drástico descenso del precio internacional del algodón. El precio concordado entre la ACUC y CTM en algunas temporadas logró ser casi el doble del precio internacional: en 2005-2006 fue un 25 por ciento superior[107]. En segundo lugar, esta colaboración significó un gran aporte técnico para los campesinos y al mismo tiempo la eliminación de intermediarios que siempre habían pagado a los campesinos un precio muy bajo por el algodón producido. Además, siguiendo uno de los más importantes principios del movimiento del CJ internacional, la relación entre CTM y la ACUC empieza a ser una relación estable: CTM, a través de la financiación previa (o pagos adelantados) a la cosecha o a la producción, evita que los productores sigan endeudándose y crea un compromiso basado en relaciones estables, de continuidad y a largo plazo.

La entrada en el escenario del consorcio CTM representó una gran oportunidad para los campesinos de la ACUC que de esta manera pueden gozar de una mayor seguridad alimentaria y de un trabajo digno. El empleo de estos campesinos se estaba reduciendo drásticamente por la utilización de sistemas de producción más modernos pero que al mismo tiempo no eran medioambientalmente sostenibles y seguían reproduciendo los mismos esquemas de concentración de la riqueza; pero también porque hace algunos años las superficies algodoneras sembradas se están reduciendo notablemente. En los años noventa "casi el 90 por ciento de la producción total se recolecta a máquina"; ello significó "la pérdida de fuerza de las cooperativas" y la "pérdida de competitividad de la pequeña y mediana empresa", dejando un panorama hecho sobre todo por los grandes productores agrícolas[108]. Las tierras de la ACUC se cultivan con técnicas tradicionales y ecológicamente sostenibles: el impacto negativo sobre la naturaleza y el ecosistema se reduce, así como el efecto de desertificación que otros cultivos más competitivos en el mercado internacional (por ejemplo la soja) están causando no solamente en Argentina, sino también en los países limítrofes.

El cultivo del algodón es causa en todo el mundo de verdaderas catástrofes ambientales, que naturalmente ponen en riesgo la vida de las comunidades que más directamente están ligadas a este tipo de agricultura. Es una agricultura muy "agua-intensiva": la cantidad de agua que se utiliza en la producción del algodón representa la mitad de toda el agua utilizada a nivel mundial en la agricultura y esto naturalmente está provocando la desertificación de muchas zonas del planeta. Además, el 25 por ciento de todos los pesticidas utilizados en agricultura se utilizan en la producción de algodón.

En los terrenos cultivados por los miembros de la ACUC se utiliza la menor cantidad posible de pesticidas. Aunque el cultivo del algodón fue algo impuesto por los grandes terratenientes blancos o criollos en una tierra donde antes había sobre todo bosques y la gente se dedicaban casi exclusivamente a la caza, los indígenas toba siguen las antiguas y tradicionales maneras de cultivo. Por esta razón sólo pueden gozar de una cosecha al año. Teniendo en cuenta que cada familia posee entre 1 y 3 hectáreas de terreno, que de cada hectárea se cosechan entre 1.000 y 1.200 kg, y que el precio que CTM Altromercato paga es de 1,24 pesos por kg, cada familia recibe un promedio de 3.400 pesos anuales por la producción de algodón. 3.400 pesos anuales.

¿Podríamos nosotros europeos vivir con un salario de este tipo? Si pensamos que esto es lo que gana una familia con el precio fijado por CTM Altromercato, ¿podemos imaginarnos cuánto ganaría si tuviera que depender del precio del mercado internacional?

Mártires López, presidente de la Unión Campesina recuerda el momento en el cual nació la ACUC: "Había hambre, mucha hambre, pero nosotros entendimos que sin trabajo no había futuro"[109]. Y así organizaron una gran marcha hasta la ciudad de General San Martín para que todo el mundo se diera cuenta de lo que estaba pasando, en el campo, con las comunidades indígenas que cultivan el algodón. Se constituyó de esta manera una estrecha relación entre la comunidad indígena y la red de CJ europea. Pero esto es sólo el primer eslabón de la cadena.

El segundo es la fábrica recuperada "Cooperativa Textiles de Pigüé" (en adelante CTP), una pequeña ciudad de 14.000 habitantes en la provincia de Buenos Aires. Aquí, 180 obreros toman la fábrica de la Gatic S.A., una de la más grandes empresas argentina de textiles, licenciataria de Adidas en Argentina, con 8.000 trabajadores en 20 plantas[110]. En julio de 2003 los trabajadores dejaron de percibir sueldos, pero ninguno fue despedido. Los propietarios pronto detuvieron la producción y desaparecieron pero sin despedir a los trabajadores que decidieron ocupar la fábrica, primero para que los propietarios no la vaciaran y segundo para seguir con la producción. En enero de 2004, los trabajadores, reunidos en asamblea, decidieron formar una cooperativa dejándose asesorar por el Movimiento de Empresas Recuperadas, como hicieron anteriormente los compañeros de la Gatic de la planta San Martín 1.

Cuando la cooperativa empezó a trabajar a buen ritmo, reaparecieron los dueños que denunciaron a los trabajadores por usurpación. El 12 de agosto de 2004 estos obreros (70 por ciento de los cuales eran mujeres) fueron reprimidos y desalojados por la fuerza. Sin embargo, a finales de diciembre del mismo año la cámara de diputados de la Legislatura Provincial votó por mayoría la expropiación de las plantas de Pigüé y la cooperativa pudo reempezar las actividades productivas. Desde agosto de 2005 la producción funciona plenamente también gracias a las aportaciones del Ministerio del Trabajo.

En el año 2006 la CTP empezó la cooperación con CTM Altromercato y de esta manera entró en el proyecto de hilera textil justa y solidaria. No es casual que el consorcio CTM Altromercato apunte a realidades como la CTP. Esta cooperativa busca "la igualdad remunerativa y la ausencia de jerarquías administrativas y manuales, un espacio de autorregulación y de búsqueda de unidad laboral, la orientación de valores que giren en torno al cuidado del otro social y al trabajo genuino, la permanencia de las fuentes de trabajo y del ingreso de todos los obreros y la consideración, como uno de los mayores logros, del espíritu solidario, además de la unión de los trabajadores y el compromiso con la tarea desempeñada en función de un objetivo compartido"[111], todos principios, como hemos visto, fundamentales en el CJ.

De momento se produce a un 40-50 por ciento respecto a la productividad de los mejores tiempos, pero la voluntad no falta y tampoco las iniciativas: CTM Altromercato ya propuso empezar a producir "zapatillas justas", utilizando el caucho que una cooperativa de *seringueiros* brasileños está produciendo según los criterios del CJ. Otras fábricas recuperadas, que producen zapatillas, estarían dispuestas a empezar con este nuevo proyecto.

El siguiente anillo de esta cadena productiva es el empaquetado y el embalaje de los productos textiles terminados: este trabajo lo realizan realidades más pequeñas, como por ejemplo la "Cooperativa La Juanita" en la periferia de Buenos Aires, barrio La Juanita en el distrito La Matanza, otra zona caracterizada por exclusión, desempleo y pobreza. La cooperativa es miembro del Movimiento de los Trabajadores Desocupados (en adelante MTD) nacido en la zona en 1996. Desde el comienzo el MTD fue apoyado en sus reivindicaciones por otros movimientos sociales organizados, como por ejemplo "Las Madres de Plaza de Mayo", las redes del trueque o los piqueteros que estaban dando un "nuevo sentido" a las diferentes crisis vividas por el país en las últimas décadas.

Según el testimonio de Héctor Flores (presidente de la Cooperativa Juanita), el trabajo de la cooperativa se contrapone a la cultura individualista y consumista de estos años y por esta razón se decidió ocupar y recuperar una escuela y no una fábrica: la cooperación, la educación y la solidaridad son valores fundamentales también en el ámbito de la producción y es por ello que "el encuentro con el comercio justo representa una óptima manera para contrarrestar la propuesta de un único mundo posible que hasta ahora ha sido promovida por el neoliberalismo"[112].

Héctor conoció a los representantes de CTM Altromercato en el Foro Social Mundial de Porto Alegre y de ahí nació la idea de incorporarse al proyecto "Tejer el Futuro" para crear concretamente una economía más solidaria. Una producción más justa donde se democratizan las relaciones, donde no hay dueños y obreros, todos son trabajadores, donde no existe el secreto comercial porque precios, gastos e inversiones se discuten en la Asamblea entre todos los presentes. Una economía de inclusión y no de exclusión. Es por esta razón que la Cooperativa nunca aceptó recibir aportes estatales, porque lo que siempre han querido sus miembros era trabajo, no limosnas: "Lo repetimos en todas las marchas, aquí estamos, queremos trabajar"[113].

Margarita, la coordinadora del taller de tejido de la cooperativa, recuerda que en los peores momentos de la crisis económica tuvo que salir por la noche, durante más de dos meses, y buscar en la basura algo de comida para sus hijos. "Mamá, tenemos hambre", le decían, y finalmente ella decidió que tenía que hacer algo, que no podía seguir así: empezó con los piquetes, pero ahora el único "piquete" que utiliza es lo que lleva en la mano para trabajar el tejido. "Cada vez que entro en el taller, pienso en los momentos peores del pasado y también pienso en hoy: la del taller es la Argentina que quiero vivir."[114]

Dentro de las actividades productivas de la cooperativa se encuentran: la panadería que vende el pan a casi un tercio del precio normal; la serigrafía sobre todo para la formación y el empleo de los jóvenes del barrio; una editorial, y naturalmente la sastrería que con sus talleres de costura participa en la hilera solidaria. Este taller empezó en 2002, gracias a las maquinarias donadas por la embajada suiza en el pleno de la crisis, y ahora emplea a unas 40 personas, casi todas mujeres[115]. Jorge Lasarte, el coordinador de la panadería, recuerda que "al principio la harina costaba 14 pesos el bolso de 50 kg [...] con la hiperinflación el precio subió hasta los 53 pesos, pero nosotros mantuvimos el mismo precio de venta del pan. Mientras que los demás triplicaron el precio nosotros seguíamos vendiendo al mismo tiempo. Tuvimos que trabajar más, cortarnos el sueldo, pero decidimos éticamente no aumentar el precio del pan"[116].

En el fondo, el proyecto "Tejer el Futuro" apunta a garantizar un trabajo más digno a aquellos actores que más afectados resultaron por la última crisis argentina: los campesinos indígenas, los obreros de las fábricas recuperadas y los movimientos de desempleados.

En este sentido me parece un hecho muy importante que el Gobierno argentino, en su último Informe País 2007 sobre el cumplimiento de los ODM, haya querido introducir una nueva meta: "Promover el trabajo decente", un objetivo que no aparece en los 8 objetivos originarios, a pesar de que el trabajo es la primera fuente de subsistencia para todos. Para que los ciudadanos de este planeta salgan de la pobreza, alcancen un cierto nivel de educación, mejoren su salud, se defiendan de enfermedades incurables o respeten el medio ambiente, ¿qué mejor manera que garantizarles un trabajo digno?

Los objetivos específicos, para Argentina, de esta meta adicional son: a)reducir en 2015 el desempleo a una tasa inferior al 10 por ciento: la tasa de desocupación promedio en 2006 fue del 11 por ciento, entonces el objetivo del 2015 es seguramente alcanzable, aunque poco ambicioso; b) reducir la tasa de empleo no registrado a menos del 30 por ciento: en 2006 el empleo no registrado representa un 40,6 por ciento del empleo total, valor cercano a la meta intermedia del 39 por ciento; c) incrementar la cobertura de protección social al 60 por ciento de la población desocupada para el año 2015: en 2006 la cobertura descendió del 4 por ciento alcanzando el 7,8 por ciento de la población desocupada, así que todavía estamos muy lejos del objetivo fijado. "No obstante, se espera que a través de los programas ya instalados y su extensión a la totalidad de la población desocupada, el indicador alcance la meta intermedia del 28 por ciento en el año 2007"[117]; d) disminuir la proporción de trabajadores que perciben un salario por debajo de la canasta básica a menos del 30 por ciento: en 2005 el porcentaje era un 54,9 por ciento, en 2006 un 52,2 por ciento, acercándose a la meta intermedia de 48 por ciento en 2007; e) erradicar el trabajo infantil: con respecto a este tema el último dato disponible es de 2004, cuando el trabajo infantil representaba el 4,7 por ciento del empleo. "Con el objetivo de alcanzar la meta intermedia del 3 por ciento y la meta final para el año 2015 que determina la erradicación total de esta problemática, el Estado Nacional ha lanzado un 'Plan Nacional para la Prevención y Erradicación del Trabajo Infantil'"[118].

Añadir este nuevo objetivo es a mi juicio bastante "revolucionario", aunque creo que la voluntad del Gobierno argentino no era seguramente ésta y simplemente respondía a una grave situación de crisis. Además, dado que las tendencias de recuperación argentina parecen ser positivas y las metas de este objetivo relativamente fáciles de alcanzar, esta estrategia también puede ser leída como una manera de evaluar el buen trabajo del Gobierno. Sin embargo, más allá de todas las especulaciones posibles e imaginables, hablar de trabajo digno para lograr un verdadero desarrollo, traslada completamente el *focus* y la atención de las políticas públicas hacia, a mi juicio, el verdadero centro. Ya no se trata de lucha contra la pobreza, sino de lucha para crear trabajos dignos, gracias a los cuales los individuos sí pueden salir de la pobreza. Y la lucha para crear puestos de trabajos dignos es la lucha cotidiana del movimiento de CJ: respeto al derecho de unas condiciones de trabajo dignas (desde el punto de vista de la salud, del horario de trabajo, de la representación sindical, de la toma de decisiones de manera democrática), rechazo del trabajo infantil, impulso de la igualdad de condiciones entre hombre y mujeres, respeto al ecosistema durante el proceso productivo, fomento de un salario digno estable y muchas otras son las características esenciales de un trabajo digno. Unos estándares mínimos que la mayoría de los trabajadores europeos tiene, mientras que en América Latina todavía representan una utopía. ¿Cómo luchar desde abajo para esta utopía? ¿Cómo puede la SC euro-latinoamericana ganarse los espacios necesarios para influir en las políticas públicas y a través de ellas en el DES?

NOTAS

1. Página web de la "Unión de Comunidades Indígenas de la Región del Istmo (UCIRI)": www.uciri.org
2. Ficha informativa sobre "Xochipilli-Xochiquetzal" disponible el la página web del consorcio italiano de organizaciones de CJ CTM Altromercato: http://www.altromercato.it/it/produttori/schede_produttori/america_centrale/messico/JR
3. Green Grove Consulting (2007): "Consultancy entitled: Characteristics of the Cocoa Supply Chain in Belize and Diagnosis of Cooperation Among Stakeholders", Yemeri Grove, Toledo District, Belice, 2.
4. Apartado de comercio justo de la Empresa "Green & Black's": www.greenandblacks.com/uk/fairtrade.php
5. Ibídem, pág. 6.
6. Ibídem, pág. 5.
7. Desde la página web de "Espanica": www.nodo50.org/espanica/espanica_antecedentes.php
8. Página web del "Centro para la Promoción, la Investigación y el Desarrollo Rural y Social": www.cipres.org
9. Montagut y Vivas (2006: 69-71).
10. Página web de "Flo Centroamérica": www.flocentroamerica.net
11. Página web de la "Red de Comercialización Comunitaria Alternativa": www.redcomal.org.hn
12. CEP, COR, GRESP (2004): *Comercio justo, consumo ético, marco conceptual y experiencias en curso. Memoria del Encuentro Latinoamericano Norte-Sur*, Lima, 152-153.
13. Desde la página web de "Camari": www.camari.org/ES/about.html
14. Desde la página web de "El Guabo": www.asoguabo.com.ec/espanol/presentacion.html

15. Pedro Checa Farfán (66 años), presidente de APROMALPI, resume el éxito de esta manera: Fairtrade Foundation "ha cambiado la vida de mucha gente. APROMALPI y numerosos productores contribuyen al desarrollo socioeconómico de toda la región. Sin Fairtrade muchos estaríamos en la calle. Para nosotros, lo que más cuenta es el precio mínimo garantizado y tener un volumen de compra fijo. Fairtrade ha permitido aumentar el rendimiento de muchas parcelas, obtener ayuda técnica y mejorar las infraestructuras y el aprovisionamiento de agua. La demanda de mangos bio en el extranjero no para de crecer, y con ella nuestras exportaciones. Me alegra ver que los socios se dan cuenta de lo importantes que son los medios de cultivo respetuosos con el medio ambiente. Con Fairtrade la Asociación ha crecido y, además, nos hemos vuelto más responsables y respetuosos con la naturaleza y el medio ambiente. Todos los miembros comparten estos ideales", en: www.fairtrade.net/apromalpi_peru.html
16. Caselli, Mittiga y Jongejans (2006: 42).
17. Página web de la "Coordinadora de Integración de Organizaciones Económicas Campesinas de Bolivia": www.cioecbolivia.org
18. Ficha informativa sobre el "Guaranito", en la página web de CTM Altromercato: www.altromercato.it/it/prodotti/ALI/A08/121
19. Página web de la campaña "Ropa Limpia": www.ropalimpia.org
20. Caselli, Mittiga y Jongejans (2006: 109).
21. Miles Litvinoff (2005): "Vinos Los Robles, Chile: una bodega que trabaja por el bien de todos", FLO-International, www.fairtrade.net
22. "Statistics/Historial Data": www.ico.org
23. Oxfam International (2002: 11).
24. Desde la página web de "El Guabo": www.asoguabo.com.ec/espanol/presentacion.html
25. Peter Rhebergen (2006): "En Perú, el sector bananero elige el desarrollo sostenible", FLO-International, www.fairtrade.net
26. Alfonos Cotera Fretel (2005): "Primer Encuentro Emprendedor de Economía Solidaria y Comercio Justo de Latinoamérica", Polo de Socioeconomía Solidaria (PSES), http://fairtrade.socioeco.org/es/index.php
27. Página web de la "Red Intercontinental de Promoción de la Economía Social Solidaria": www.ripess.net
28. EEESCJAL-Encuentro Emprendedor de Economía Solidaria y Comercio Justo en América Latina (2005): "Declaración de Cochabamba", Cochabamba, Bolivia, http://www.economiasolidaria.org/files/dakar2005/cochabamba.pdf
29. Ibídem.
30. CEPAL (2007c): "La integración económica en América Latina y el Caribe: en busca de la complementariedad y la convergencia", *Panorama de la Inserción Internacional de América Latina y el Caribe 2006. Tendencias 2007*, Santiago de Chile, 145.
31. Ibídem, pág. 151.
32. Ibídem, pág. 145.
33. Ibídem, pág. 140.
34. Caselli, Mittiga y Jongejans (2006: 45).
35. Ibídem, pág. 158.
36. Ibídem, pág. 132.
37. Ibídem, pág. 71.
38. Ibídem, pág. 159.
39. Creada en 2003 por el Gobierno de Luiz Inácio Lula da Silva: www.mte.gov.br/ecosolidaria/secretaria_nacional.asp
40. Página web del Foro Brasileño de Economía Solidaria: www.fbes.org.br

41. Secretaría Nacional de Economía Solidaria, "Mapeamento detecta que Economia Solidária gera quase R$ 8 bilhões por ano no Brasil", en: www.mte.gov.br/sgcnoticia.asp?IdConteudoNoticia=2905&PalavraChave=economiapor ciento20solidaria,por ciento20senaes
42. Cumbre Seguridad Alimentaria (2008): "Declaración: Cumbre Presidencial. Soberanía y Seguridad Alimentaria: alimentos para la vida", Managua.
43. Véase www.undp.org/spanish/mdg
44. Banco Interamericano de Desarrollo-BID (2004): *Los objetivos de desarrollo del milenio en América Latina y el Caribe: retos, acciones y compromisos*, Washington, 28.
45. Notas de la CEPAL, nº 54, septiembre de 2007: www.eclac.org/prensa/noticias/notas/8/30108/NOTAS54ESP.pdf
46. En Bolivia, Brasil, Colombia, Guatemala, Haití, Nicaragua, Paraguay y Perú, en promedio, "la tasa de acceso a servicios de salud es del 34 por ciento para el quintil más pobre y del 94 por ciento para el quintil más rico [...] Para el mismo grupo de países, el promedio simple de la tasa de desnutrición en niños del quintil más pobre es 6,3 veces mayor que la del quintil más rico", en BID (2004: 31).
47. Ibídem, pág. 29.
48. CEPAL (2007): *Panorama social de América Latina 2007*, Santiago de Chile, versión no editada disponible en la página web de la CEPAL, www.eclac.cl, capítulo I, 3-4.
49. Naciones Unidas (2005): *Objetivos de Desarrollo del Milenio: una mirada desde América Latina y el Caribe*, Santiago de Chile, 2005, www.eclac.cl, 31 y 44.
50. Ibídem, pág. 53.
51. BID (2004: 29).
52. Ibídem, pág. 43.
53. Naciones Unidas (2005: 37).
54. CEPAL (2007: 16), capítulo I.
55. "La tasa de pobreza extrema proyectada para América Latina en 2007 alcanza el 12,7 por ciento, 9,8 puntos porcentuales menos que el nivel de 1990 (22,5 por ciento). Este resultado equivale a un avance del 87 por ciento hacia la consecución de la primera meta del Milenio, mientras que el porcentaje de tiempo transcurrido para el cumplimiento de la meta es de 68 por ciento. En virtud de esta evidencia, cabe concluir que la región como un todo se encuentra bien encaminada en su compromiso de disminuir a la mitad en el año 2015 la pobreza extrema existente en 1990", en CEPAL (2007: 16), capítulo I; "Bolivia, Guatemala, Honduras, Nicaragua y Paraguay, países con niveles de indigencia superiores al 30 por ciento, deberían incrementar su PIB per cápita al 4,4 por ciento anual durante los próximos once años, una expansión del 6,7 por ciento por año del producto total", en Naciones Unidas (2005: 54).
56. "La superación de la pobreza absoluta en la región no puede desconocer la necesidad de velar por la generación de empleo —en cantidad y calidad adecuadas—, toda vez que la mayor parte de los recursos de los hogares destinados a satisfacer las necesidades básicas de sus miembros proviene de los ingresos laborales. No obstante, la centralidad del empleo, los Objetivos de Desarrollo del Milenio sólo insinúan su importancia a través de la meta 16, que alude a la reducción del desempleo abierto entre los jóvenes", en Naciones Unidas (2005: 26).
57. Naciones Unidas (2005: 56).
58. Evolución de la desnutrición en los diferentes países de América Latina y el Caribe: "Mientras que en algunos ya se alcanzó la meta, en otros se ha avanzado muy poco o, incluso, se han registrado retrocesos. En República Dominicana

ésta ya se logró; Bolivia, México, Perú y República Bolivariana de Venezuela muestran un avance superior al 75 por ciento, por lo que es esperable que la cumplan antes de 2015. Brasil, Chile, Colombia, El Salvador, Guatemala, Guyana, Haití, Nicaragua y Uruguay presentan avances equivalentes o algo superiores al mínimo esperado (en Colombia, Guyana, Haití y Uruguay, el progreso supera el 65 por ciento); en consecuencia, en la medida en que se mantengan las políticas y programas en ejecución y no se produzcan importantes deterioros económicos ni catástrofes naturales, es probable que la alcancen. Por último, en Honduras, Jamaica, Panamá y Trinidad y Tobago se registraron avances menores, de modo que, de no mediar políticas directas para atender a las poblaciones más vulnerables, es menos probable que cumplan la meta. Argentina, Costa Rica, Ecuador, Paraguay acusaron un retroceso, aunque en todos —con la excepción de Ecuador— se observaban bajos niveles de desnutrición global a comienzos de los años noventa, del orden del 5 por ciento de los niños menores de cinco años", en Naciones Unidas (2005: 73-74).

59. Ibídem, pág. 66.
60. BID (2004: 44).
61. Naciones Unidas (2005: 91).
62. CEPAL (2007: 4), capítulo III.
63. "Entre los 10 y los 14 años, los niños que han sido promovidos oportunamente varían del 65 por ciento al 95 por ciento, y entre los 15 y 19 años del 50 por ciento al 90 por ciento. En este último grupo, el alto porcentaje de jóvenes con tres o más años de retraso (30 por ciento) es indicativo de las deficiencias con las que los que provienen de hogares menos educados deben enfrentar el sistema de enseñanza.", en CEPAL (2007: 22), capítulo III.
64. "Las mujeres ahora representan alrededor de una tercera parte de la masa laboral industrial en los PED, con una alta concentración en los sectores intensivos en mano de obra como los de confección, calzado y ensamblaje microelectrónica... Una de las aparentes anomalías del crecimiento económico en América Latina durante la pasada década ha sido la escasa vinculación de éste con el empleo y los salarios... Los salarios en muchas industrias exportadoras de rápido crecimiento son bajos no sólo según los estándares internacionales, sino también en relación con los niveles nacionales de pobreza", en Oxfam International (2002: 81).
65. BID (2004: 83).
66. Naciones Unidas (2005: 128).
67. BID (2004: 84).
68. Ibídem, pág. 110.
69. Naciones Unidas (2005: 143-144).
70. "Existen pruebas de que en América Latina y el Caribe la muerte materna obedece sobre todo a causas obstétricas directas, como la hemorragia (20 por ciento), la toxemia (22 por ciento), las complicaciones del puerperio (15 por ciento) y otras causas directas (17 por ciento). Las defunciones relacionadas con las complicaciones del aborto inseguro representan un porcentaje elevado que, por su alto subregistro, se estima en mucho más del 11 por ciento que figura en las estadísticas oficiales. El restante 15 por ciento es el resultado de otras causas", en Naciones Unidas (2005: 152).
71. Ibídem, pág. 128.
72. Ibídem, pág. 140.
73. "En América Latina y el Caribe se brinda tratamiento a un 53 por ciento de los enfermos que lo necesitan, nivel que es más alto que en cualquier otra región de países en desarrollo", en BID (2004: 161).
74. Naciones Unidas (2005: 155).

75. BID (2004: 149).
76. Naciones Unidas (2005: 160).
77. BID (2004: 155).
78. Ibídem, págs. 172-181.
79. "El Programa de las Naciones Unidas para el Medio Ambiente (PNUMA) reporta que en el año 2000 la región tenía el 25 por ciento de las áreas boscosas del mundo, unos 964 millones de hectáreas en tan sólo la séptima parte del territorio. La proporción de áreas boscosas en la región es mucho mayor que el promedio mundial: un 47 por ciento del territorio de América Latina y el Caribe está cubierto de bosques, mientras la proporción en el mundo es del 30 por ciento (PNUMA, 2004). Esta región tiene, además, la superficie más extensa del mundo en bosque cerrado (bosque con 40 por ciento de cobertura arbórea) con el 32 por ciento, mientras que Europa y Asia tienen un 21 por ciento, Australia y Pacífico un 16,8 por ciento, África un 9,25 por ciento y Estados Unidos y Canadá un 30 por ciento (PNUMA, 2003)", en Naciones Unidas (2005: 183 y 184).
80. Ibídem, pág. 178.
81. "La tasa de acceso a agua potable aumentó un 26 por ciento entre 1990 y 2000, pero para cumplir con el ODM, es necesario aumentar en un 33 por ciento el acceso al servicio de aquí al año 2015", en BID (2004: 186 y 187).
82. Véase: www.un.org/spanish/millenniumgoals/goals.html
83. Desde la página web de "FLO International": www.fairtrade.net/impact.html?&L=1
84. Raynolds Murray y Taylor Leigh (2003): *Una taza a la vez: la paliación de la pobreza y el café del comercio alternativo en Latinoamérica*, Fair Trade Reserch Group, Colorado State University.
85. Gastón Vizcarra (2002): *El comercio justo: una alternativa para la Agroindustria Rural de América Latina*, FAO-Oficina Regional para América Latina, Santiago de Chile, 10.
86. Página web de "Soppexcca": www.soppexcca.org/es
87. Ecuador: un ejemplo de red de grupos de productores que se dirige fuertemente al mercado nacional buscando una no dependencia del comercio justo internacional es la Comercializadora Solidaria CAMARI-FEPP: "... Camari nació en 1981 como complemento de la acción del Fondo Ecuatoriano Populorum Progressio (FEPP: institución privada de finalidad social auspiciada por la Conferencia Episcopal Ecuatoriana, que desde 1970 trabaja con pequeños productores ecuatorianos con crédito, capacitación y asistencia técnica) para enfrentar el problema de la comercialización agropecuaria y artesanal de pequeños productores y porque había entendido claramente que producir más vía crédito, capacitación y asistencia técnica no era suficiente si no enfrentaba con éxito el 'cuello de botella' que significaba la comercialización. Para los pequeños productores, la comercialización de sus productos ha sido el principal problema del proceso productivo. Los comerciantes, intermediarios, prestamistas, transportistas son los que más se han aprovechado de su posición de inferioridad...", en: www.camari.org
88. Desde la página web de "FLO International": www.fairtrade.net/apromalpi_peruo.html?&L=1
89. Desde la página web de "FLO International": www.fairtrade.net/vinos_los_robies_chile.html?L=1
90. Página web de la "Asociación de Bananeros Unidos": www.asobanu.com
91. Apartado sobre los proyectos de la "Asociación de Pequeños Productores de Banano Orgánico de Samán" (APPBOSA): www.appbosa.org/proyectos
92. Desde la página web de "FLO International": www.fairtrade.net/appbosa_peru.html?L=1

93. Desde la página web de Coocafe R.L.: www.coocafe.com/socio_es.htm
94. Loraine Ronchi (2002): "The impact of Fair Trade on Producers and their Organizations: a case study with COOCAFE in Costa Rica", Poverty Research Unit at Sussex, University of Sussex, Brighton, en www.sussex.ac.uk, 8.
95. Apartado sobre los proyectos de APPBOSA: www.appbosa.org/proyectos/gruposjuveniles.html
96. Desde la página web de UCIRI: www.uciri.org/espanol/proyectos/cec/cec_info.htm
97. Desde la página web de "FLO International": www.fairtrade.net/vinos_los_robies_chile.html?L=1
98. Desde la página web de "Fair Trade Foundation": www.fairtrade.org.uk/producers/coffee/fedecocagua.aspx
99. Loraine Ronchi (2002: 8).
100. Informaciones disponibles en: www.copavic.com/version_espa.htm
101. Ibídem.
102. Informaciones disponibles en: www.camari.org/intag/ES/100001.html
103. Página web de "CTM Altromercato": www.altromercato.it
104. Página web de la cooperativa "Chico Mendes": www.chicomendes.it
105. Página web de la cooperativa "Mandacaru": www.mandacaru.it
106. "En lo que respecta a la capacidad de desmote, la provincia del Chaco ha visto incrementar sus toneladas desmotadas; entre los años 1992 y 1997, según datos publicados por el *Norte Rural*, del 17 de junio de 1998, el Chaco alcanzó las 735 mil toneladas desmotadas, de las cuales Presidencia Roque Sáenz Peña lideró la radicación industrial textil con una capacidad de 132 mil toneladas, el segundo y tercer lugar en lo provincia lo ocupan las localidades de Villa Ángela y Las Breñas con 78 y 68 mil toneladas, respectivamente; el segundo lugar a nivel nacional lo ocupa Santa Fe con 178 mil toneladas, y el tercer lugar, Santiago del Estero con 128 mil toneladas; luego se sitúan las provincias de Salta, Formosa, Catamarca, etc. La capacidad de desmote en Argentina es de 1.210 toneladas, de los cuales el 83,3 por ciento lo cubren Chaco, Santa Fe y Santiago del Estero y el 14,7 por ciento las provincias restantes. Estas 1.210 toneladas desmotadas se repartían en año 1998 en 126 desmotadoras, 82 de ellas se localizan en Chaco; de esas 30 son cooperativas y 96 son privadas", en Viviana Claudia Pertile (2003): "Ampliación de la frontera agropecuaria chaqueña: el oeste chaqueño y el cultivo algodonero", Universidad Nacional del Nordeste, Resistencia-Chaco-Argentina.
107. CTM Altromercato (2006): *Cotone sulla pelle*, Collana: I dossier di Ctm Altromercato, Verona, Italia, 140.
108. Pertile (2003).
109. CTM Altromercato (2006b): *La fibra della dignità*, Verona, Italia (documental).
110. Página web de la "Cooperativa Textiles de Pigüé": www.textilespigue.com.ar
111. Informaciones disponibles en: www.textilespigue.com.ar/estructura.htm
112. CTM Altromercato (2006: 153).
113. Ibídem.
114. Ibídem.
115. Ibídem, pág. 154.
116. Ibídem.
117. Consejo Nacional de Coordinación de Políticas Sociales (2007): *Objetivos de Desarrollo del Milenio. Informe País 2007*, Argentina, octubre, 30.
118. Ibídem.

CAPÍTULO 4

LA SOCIEDAD CIVIL EURO-LATINOAMERICANA

> VOY A TRABAJAR CON AHÍNCO PARA QUE LA SOCIEDAD CIVIL INGRESE EN LA VÍA DEL DIÁLOGO. TRATARÉ DE COORDINAR LA AYUDA Y LA PARTICIPACIÓN DE LAS ORGANIZACIONES QUE APOYAN CAUSAS HUMANITARIAS, DEL MUNDO EMPRESARIAL Y DE OTROS COMPONENTES DE LA SOCIEDAD CIVIL EN TODO EL MUNDO, POR EL BIEN DE LA ORGANIZACIÓN. MI MANDATO ESTARÁ CARACTERIZADO POR LOS ESFUERZOS INCESANTES QUE HARÉ PARA ESTABLECER PUENTES Y SUPERAR DIFERENCIAS.
>
> Ban Ki-moon, secretario general de la ONU[1]

Empecé este trabajo señalando que en los años sesenta y setenta los PED empezaron a plantearse un nuevo modelo de sistema económico internacional, un modelo que no les gravara tan pesadamente como el que se estaba consolidando en los acuerdos de la OMC. Sin embargo, no solamente los Gobiernos comenzaron esta "lucha", sino que también muchas organizaciones de la SC. El cambio era necesario en aquel entonces y, hoy en día, es sobre todo urgente, muy urgente. Los efectos medioambientales de estos patrones de producción y de consumo parecen ser mucho más fuertes en este nuevo siglo y quizá sea a través de esta "nueva" preocupación que se podrá cambiar algo.

Dentro de las estrategia que las sociedades civiles mundiales están adoptando para incidir más profundamente en las realidades sociales, económicas y políticas de los países, sobre todo los menos adelantados, este siglo XXI nos ha presentado una nueva: el camino hacia otros mundos posibles también se ha globalizado y las luchas locales están estrechamente ligadas a luchas locales en otros continentes e inevitablemente se convierten en luchas globales.

Las relaciones entre las sociedades civiles euro-latinoamericanas son un óptimo ejemplo de esta nueva estrategia. Pero ¿puede realmente la SC promover cambios globales? ¿Hasta qué punto la sociedad civil puede verdaderamente influir en las políticas públicas estatales y en los acuerdos internacionales? ¿Pueden los cambios a nivel local tener un efecto avalancha, reproducirse, multiplicarse y finalmente convencer también a los Gobiernos del mundo que el camino hacia un mundo más solidario y hacia unas relaciones menos individualistas es realmente viable?

Para ver cómo las relaciones entre Europa y América Latina puedan constituir una asociación estratégica que fomente la asociación mundial para el desarrollo, es útil analizar también el papel que la SC euro-latinoamericana está jugando en las relaciones birregionales y pensar de qué manera las relaciones entre estas dos sociedades civiles podrían ayudar al DES del continente latinoamericano, así como a "democratizar la democracia" en ambos continentes.

Si por un lado la democracia formal ha vuelto en casi todo el continente latinoamericano, la democracia real, hecha también de justicia económica y social, todavía no se ha materializado y América Latina, como sabemos, sigue siendo la región más desigual del mundo. Esta evidente contradicción entre democracia *de jure* y *de facto* ha favorecido, sobre todo en el último decenio, el crecimiento de movimientos sociales que reivindican una democracia real y un protagonismo en su construcción desde abajo. Si por un lado políticos, empresarios y también las fuerzas armadas entienden que el sistema democrático es un sistema irreversible, por el otro no se ha logrado un consenso sobre los pasos hacia una democracia real. Muchos Gobiernos de AL siguen poniendo el acento en el crecimiento económico, mientras que sería más adecuado considerar el desarrollo económico y social y una mejor "distribución de la democracia". La idea de que sin crecimiento no hay desarrollo o no pueda haber igualdad ya está desmentida por los hechos: siempre cuando hubo un gran crecimiento la desigualdad en América Latina creció. Y no sólo en América Latina. El crecimiento con desigualdad de los años noventa tuvo como consecuencia la búsqueda de nuevos canales de participación por parte de la SC, que no está representada en las instituciones del Estado, pero que cada día trabaja para una sociedad más cohesionada, más justa y una distribución de los recursos más equitativa.

Este fortalecimiento gradual de la SC latinoamericana es importantísimo y puede ayudar a conseguir un sistema mayormente democrático como el sistema alcanzado por las democracias europeas. En este sentido las experiencias de las sociedades civiles europeas y las relaciones entre las sociedades civiles euro-latinoamericanas pueden fortalecer la formación de democracias de hecho en AL. Aunque el creciente papel de la SC dependa principalmente de ella misma, de las estructuras estatales y de la voluntad política de los Gobiernos de turno, la cooperación internacional también puede jugar un rol muy importante y es por ello que Europa tiene que repensar su estrategia birregional también involucrando sectores más amplios de la SC.

En los últimos años, en la relaciones entre la Unión Europea (UE) y AL, se ha querido de alguna manera fortalecer estos vínculos para obtener una mayor cohesión social y democracia en AL. Después de habernos dado cuenta que las políticas de los años noventa se habían olvidado de algo, ahora se habla más de "consolidación de la democracia", pero sobre todo de mitigar los efectos negativos de la globalización y quizá, según el punto de vista de la SC, aprovechar los efectos positivos. La globalización ha favorecido los intercambios entre las sociedades civiles de todo el mundo y también ha expandido sus capacidades de interacción y de coordinación para actuar no solamente nacional sino también globalmente. La formación de redes internacionales tienen como objetivo el de suplir la falta de representatividad real que los parlamentos nacionales están gradualmente perdiendo. Existe una cierta distancia entre los ciudadanos y las instituciones, que la SC organizada está intentando colmar. Y es una distancia que refleja la debilidad de muchos sistemas democráticos actuales, tanto en Europa como en AL. Entre democracia y SC hay una relación muy estrecha, como también entre democracia y desarrollo: son éstos los mensajes que, de manera paralela a las cumbres de Jefes de Estado y de Gobierno de la UE y de América Latina y el Caribe, se escuchan en los varios foros alternativos: los Foros Euro-Latinoamericano-Caribeños de la Sociedad Civil, los Foros Sociales Mundiales, de las Américas y Europeos, y la Red Euro-Latinoamericana Enlazando Alternativas.

Río de Janeiro marcó un momento muy importante en las relaciones UE-AL: fue ahí que empezó, en 1999, el diálogo sobre la AE. Sin embargo, la Cumbre de Río no aportó nada de verdaderamente innovador, y la atención de todos estaba tan puesta en las futuras decisiones de la UE (empezar las negociaciones con el Mercosur y Chile) que al final éstas resultaron ser el logro de la Cumbre[2]. El concepto de AE tampoco fue bien definido. El llamamiento a los aspectos culturales compartidos y a los objetivos comunes, lo más generales posible, dio lugar a una declaración con 55 prioridades que seis meses después tuvieron a los once puntos de Tuusula (Finlandia), donde se reunió por primera vez el Grupo Birregional: cooperación, derechos humanos, papel de la mujer, medio ambiente, lucha contra el narcotráfico y el tráfico ilícito de armas, promoción de un sistema económico mundial estable y dinámico, educación, investigación y patrimonio cultural. Al punto siete se llama a impulsar "foros empresariales", pero de la participación de la SC nada[3].

El panorama mundial cambió profundamente después del 11 de septiembre de 2001 y la Cumbre de Madrid, convocada por el mes de mayo de 2002, no supo coagular los objetivos de las dos regiones. Otra vez el resultado llegó gracias al acuerdo de Asociación con Chile, mientras que los demás temas de la AE estuvieron escondidos detrás de las sombras de las torres gemelas. Seguridad y terrorismo se impusieron en la agenda.

Sin embargo, sólo algunos meses antes, en abril de 2001, se celebró en Canadá la Segunda Cumbre de los Pueblos de América: el rechazo a los tratados de libre comercio, la defensa de los derechos humanos, con particular atención a los derechos de los trabajadores excluidos del Sur, y el llamamiento a un CJ equitativo reflejaban, también a principios de este siglo, la firme voluntad de cambio en el ámbito de las relaciones comerciales internacionales[4].

En la comunicación al Consejo y al Parlamento Europeo, titulada "Una asociación reforzada entre la Unión Europea y América Latina" (2006), la Comisión proponía "un nuevo impulso a la Asociación" a través de una nueva estrategia que no se olvidara de "un auténtico diálogo político" para fortalecer los existentes vínculos hacia una proyección mundial; cohesión social y del respeto al medio ambiente, ya en esta declaración, eran dos de los retos más importantes para combatir la imperante desigualdad y crear las bases para el desarrollo sostenible de la región latinoamericana. Sobre todo el tema de la cohesión social (que estuvo al centro de la última Cumbre Iberoamericana en Santiago de Chile y también en la última Cumbre de Jefes de Estado de la UE y de ALyC en Lima) iba tomando más espacio en la agenda del diálogo birregional.

No obstante, poco a poco, parecía siempre más claro que, para construir sociedades más solidarias, menos desiguales, más cohesionadas, no bastaban los esfuerzos de los Gobiernos, se necesitaba también un papel activo de todos los ciudadanos, que a través de organizaciones, asociaciones u otras formas de agregaciones pueden tejer un tejido social más sólido y duradero, no vinculado al Gobierno de turno. Una sociedad más cohesionada y una SC más activa serían las bases para reforzar la gobernanza democrática a la cual mira la Comisión en sus relaciones birregionales.

Siempre en 2006 la Comisión propuso la creación de los "Foros de Cohesión Social", para seguir, evaluar y difundir los resultados obtenidos en materia: la Cumbre de Viena acogió con "satisfacción" la iniciativa[5]. El primero de estos foros tuvo lugar entre el 23 y el 25 de septiembre de 2007, en Santiago de Chile, donde, poco después, se celebró la XVII Cumbre Iberoamericana. Las conclusiones del grupo de trabajo subrayaban el interés en considerar el papel de todos los actores, incluyendo a la SC, en el diálogo de consenso sobre la implementación de políticas adecuadas para la promoción de la cohesión social. Sin embargo, a la hora de proponer sus recomendaciones, el término "sociedad civil" desaparecía del texto, mientras que seguían bien presentes los de "PYMES", "instituciones" y "servicios sociales"[6].

Ahora que el tema de la cohesión social se acerca siempre más al centro de la agenda birregional, es útil fortalecer la participación de las organizaciones de la SC, sobre todo porque a través de su trabajo cotidiano promueven concretamente la cohesión social en cada país de las dos regiones. Por esta razón, los acuerdos de asociaciones entre la UE y América Latina deberían incluir "cláusulas democráticas" que permitan el efectivo protagonismo de los diferentes actores de la SC. De esta manera se daría más fuerza a las dimensiones política y social de la integración, que al principio de las negociaciones ha sido dejada de lado[7].

Fue sobre todo por esta razón que, de manera paralela a las Cumbres de Jefes de Estado y de Gobierno, empezaron también los "Encuentros de la Sociedad Civil Organizada Unión Europea-América Latina y Caribe" organizados y financiados por el Consejo Económico y Social Europeo (en adelante CESE) que se autodefine como "Puente entre Europa y la Sociedad Civil Organizada"[8] y que mantiene relaciones periódicas con organismos similares en la región latinoamericana, como el Foro Consultivo Económico y Social del Mercosur, los Consejos Laboral y Empresarial Andinos y con el Consejo Consultivo del Sistema de Integración Centroamericano[9]. Otra parte de la SC (también organizada) empezó también a reunirse en otros foros paralelos que se denominaron "Foros Euro-Latinoamericano-Caribeño de la Sociedad Civil" (en adelante FELSC). En la declaración final[10] del primero de estos foros se subrayaba que cualquier acuerdo entre las dos regiones debe ser transparente e involucrar a los pueblos que, de momento, ocupan una posición de puros espectadores.

Sólo dos años después, en enero de 2001, empezó el primer Foro Social Mundial, una realidad que irá creciendo muchísimo en poco tiempo: todo empezó en Porto Alegre (Brasil), donde se estaba experimentando con éxito una participación más directa de los ciudadanos en la toma de decisiones de algunas de las políticas públicas ciudadanas. Es el sistema de "Presupuesto Participativo", quizá una de las experiencias que más se están exportando desde la sociedad latinoamericana a la europea. En el Foro Social Mundial también los temas de CJ, economía solidaria y consumo responsable estuvieron presentes en muchos talleres y conferencias. Muchos productores del Sur y organizaciones del Norte pudieron conocerse en estos encuentros y de ahí empezar una colaboración, una cooperación más estrecha y lanzar lazos hoy en día siempre más fuertes y más estrechos.

En la declaración de la Cumbre de Madrid (2002), se hizo una sola referencia a la SC en materia de desarrollo sustentable, auspiciando una "asociación entre los Gobiernos, la sociedad civil y el sector privado, y que reafirme los compromisos adquiridos en la Conferencia de Río de 1992 y la aplicación de la Agenda 21"[11]. En el

II Encuentro de la Sociedad Civil Organizada Unión Europea-América Latina y Caribe, el CESE afirmaba que se "requiere que la sociedad civil, a través de sus legítimos representantes, pueda participar activamente en el desarrollo de los vínculos entre las regiones, en los procesos de negociación y de cooperación al desarrollo..."[12]. En el FELSC se subrayaba la necesidad de que "... para que el diálogo político interregional sea efectivo debe incorporar a las diversas organizaciones de la sociedad civil, a los partidos políticos, los representantes de los Gobiernos locales, las organizaciones sindicales y empresariales, estableciendo mecanismos específicos para ello"[13].

También se recuerda el papel que podría jugar la SC en la reducción de la corrupción, problema casi estructural en muchas sociedades latinoamericanas, y con respecto a los acuerdos de asociación con la UE se argumenta que no debería repetirse lo que pasó con México, donde "no se consideró la participación de las organizaciones de la sociedad civil"[14]. El tema de la participación de la SC en los futuros acuerdos de asociación empieza a ser central en las reivindicaciones de las organizaciones de la SC y los Gobiernos poco a poco están obligados a considerarlo. De ello está convencido el CESE, como expresó en el III Encuentro de la Sociedad Civil Organizada.

En 2004, en la Declaración de la Cumbre de Guadalajara se hace referencia a la SC en cuatro ocasiones: en el punto 29, donde se habla de medidas contra la corrupción, de fortaleciendo de la gobernabilidad y de las instituciones democráticas; en el punto 40, donde los presidentes reiteran "la responsabilidad primaria de nuestros Gobiernos, junto con sus sociedades civiles, de dirigir procesos y reformas orientadas a aumentar la cohesión social, a través del combate a la pobreza, la desigualdad y la exclusión social"; en el punto 100, donde se reitera la voluntad de promover "el diálogo y la consulta con la sociedad civil en los procesos de asociación birregional y el acceso oportuno de información para los ciudadanos"; en el punto 102, donde se habla del fortalecimiento de la AE[15]. Mientras que el FELSC exige que la "la participación de la sociedad civil debe ser incorporada de manera efectiva en los procesos de integración regional, en el marco de los Acuerdos de Asociación, así como en las propias Cumbres de Jefes de Estado y de Gobierno"[16].

Guadalajara fue también el escenario para el primer encuentro de la Red "Enlazando Alternativas" (en adelante REA). En su "Pronunciamiento social de Guadalajara" frente a la Cumbre, la Red nos ofrece una visión más críticas de la AE detrás de la cual, en realidad, "lo que busca la Unión Europea es la ampliación de mercados para sus grandes corporaciones en servicios y compras gubernamentales, y garantías para sus grandes inversionistas", acuerdos similares a los TLC estadounidenses. "Nos resulta alarmante, pero no nos toma por sorpresa, que otro requisito exigido por la UE a los países latinoamericanos sea resolver de manera satisfactoria lo referido a las negociaciones caducas de la Agenda de Doha de la OMC", de esta manera serán incluidos temas como "inversiones, compras gubernamentales, políticas de competencia y privatización de recursos naturales y servicios" que "limitan la soberanía y condicionan el desarrollo económico y social de los países de América Latina y el Caribe". Para la REA un cambio en los temas comerciales es fundamental. Solamente a través de la eliminación de políticas desleales como los subsidios, o a través del respaldo a la soberanía alimentaria de los PED, se puede garantizar el DES de los pueblos latinoamericanos[17].

En Viena, los jefes de Estado y de Gobierno por primera vez expresaron "satisfacción por la celebración del III Foro Euro-Latinoamericano-Caribeño de la Sociedad Civil, que tuvo lugar en Viena del 30 de marzo al 1 de abril de 2006" y "por la celebración del Cuarto Encuentro de la Sociedad Civil Organizada América Latina y Caribe-Unión Europea, que tuvo lugar en Viena del 5 al 7 de abril, y tomamos nota de sus conclusiones"[18].

Para los participantes del IV Encuentro de la Sociedad Civil Organizada Unión Europea-América Latina y Caribe "existen condiciones políticas, económicas y sociales fuertemente interrelacionadas entre sí y sin las cuales la cohesión social no puede existir: el desarrollo económico, el fortalecimiento de las organizaciones de la sociedad civil y un funcionamiento democrático, eficiente y equitativo de las instituciones del Estado"; además "piden que las propuestas y recomendaciones de la sociedad civil organizada sean consideradas, incorporadas al diálogo político y social y tomadas en cuenta para la definición de las agendas públicas, ya sea en el ámbito nacional o regional"[19]. El III Foro Euro-Latinoamericano-Caribeño de la Sociedad Civil hizo hincapié en la participación de la sociedad civil como "uno de los componentes básicos para lograr relaciones más equitativas y solidarias entre la UE y ALC. Su acción como sujeto clave en estas relaciones no puede estar limitada a algunos momentos o temas determinados, sino que debe ser concebida como parte de un proceso que permita una incidencia real de la participación ciudadana en la toma de decisiones respecto de las relaciones birregionales"[20].

Paralelamente a la Cumbre de Viena se desarrolló el segundo encuentro de la REA, donde la SC euro-latinoamericana cuestionó el papel de las transnacionales europeas en América Latina que, "lejos de ser un factor de desarrollo y paz social, han dado lugar a conflictos masivos especialmente entre usuarias(os) de servicios públicos poniendo en riesgo el acceso a servicios básicos (como agua, electricidad, telefonía), han estimulado el saqueo y la extracción indiscriminada de recursos naturales, generando una degradación del medio ambiente" (RAE, 2006). Hoy, muchas de las organizaciones de CJ que pueden llevar a cabo también campañas o actividades de presiones políticas, se dedican activamente a informar los ciudadanos sobre las actividades "irresponsables" de las transnacionales. Es el caso, por ejemplo, de SETEM que en marzo de 2008 lanzó la campaña Bank-Track, bajo el lema "¡Exige responsabilidad social a BBVA y Santander!"[21], dos de los bancos internacionales con mayores intereses en Latinoamérica. Estos dos bancos, a pesar de adherir a varias iniciativas de Responsabilidad Social Corporativa, invierten en proyectos social y ecológicamente insostenibles y que afectan el derecho a un DES digno de los pueblos de América Latina. La campaña recuerda dos de estos proyectos: 1) la construcción de dos presas hidroeléctricas en el río Madera (Rondonia, Brasil) que obligará a la deslocalización de 5.000 familias y afectará el ecosistema de la zona; 2) la explotación de gas y petróleo a través del futuro gasoducto Camisea en el sudeste de la Amazonía peruana que, además de los efectos sobre el medio ambiente, no respeta los derechos de los pueblos indígenas de la región. Un mes después de la Cumbre de Viena tuvo lugar el Foro Social Europeo de Atenas. Una atención particular, como se puede leer en la Declaración Final, estuvo repuesta en los movimientos sociales y cambios políticos que están ocurriendo en América Latina: "Importantes cambios políticos se han materializado en América latina que han sacudido la ofensiva neoliberal, y en algunos de ellos las movilizaciones populares se dirigen a invertir el proceso de privatización"[22].

En general, en las declaraciones de las Cumbres de Jefes de Estado como de los encuentros de la Sociedad Civil Organizada, se nota la voluntad de hacer partícipe a las organizaciones más representativas de la SC en los acuerdos de asociación o en los proyectos de cooperación llevados a cabo desde Europa. Pero nunca se hace un planteamiento de qué papel deberían jugar las sociedades civiles actuales en la toma cotidiana de decisiones públicas. Las sociedades civiles están reivindicando un mayor protagonismo, una presencia mayor en las "salas de los botones"; quieren ser escuchadas, quieren diálogo, comprensión, respecto de las diversidades y quieren una manera de participación democrática que vaya más allá de la simple representación a través de diputados en los parlamentos, locales, regionales o nacionales, que en muchos casos terminan con no representar los intereses de la sociedad, terminan siendo corruptos, poniendo raíces en los escaños y de ninguna manera mantienen una visión a largo plazo de la política. Pero todo esto necesita inevitablemente un cambio en los discursos políticos y un cambio en las prioridades de las agendas.

Como comentaba antes, en la Declaración de la Cumbre de Madrid de 2002 se notó cómo los temas del terrorismo, de la seguridad y de la violencia dominaron la agenda de las relaciones birregionales; los acontecimientos del 11 S todavía estaban muy cerca. Pero, para la SC, el problema también era otro, aunque no pudiera emerger: en la declaración del encuentro organizado por el CESE la palabra terrorismo no aparece y en la declaración del Foro de Alcobendas se subraya que "el terrorismo no es el problema prioritario de la región y que la pobreza, la exclusión, la violación de los derechos humanos y la debilidad del Estado de derecho continúan siendo los desafíos prioritarios"[23]. Son dos visiones completamente distintas del mismo mundo.

Es también lo que preocupa al primer Foro Social Europeo (Firenze, 2002), donde quedó claro que la construcción de "otra

Europa" no puede basarse solamente en los asuntos de seguridad militar o de antiterrorismo, más bien debería basarse en la seguridad en materias de trabajo, salud, educación, inmigración. En las conclusiones del segundo Foro Social Mundial (Porto Alegre, 2002) se condenan abiertamente los ataques terroristas pero al mismo tiempo se condena la llamada "guerra al terrorismo" una respuesta militar masiva que hace más victimas entre los civiles que entres los supuestos terroristas. Este tipo de respuesta y la consecuente tendencia en dividir el mundo en buenos o malos no ayuda al desarrollo democrático de las relaciones internacionales. El llamamiento al *¡No a las guerras!* se repite en el tercer Foro Social Mundial (Porto Alegre, 2003), así como en el segundo Foro Social Europeo (París, 2003). Los movimientos sociales y las organizaciones de la SC saben muy bien que el fortalecimiento de sus roles pasa también por una fuerte toma de posición a favor de una paz "*senza se e senza ma*" ("sin sí y sin pero").

En la Declaración de la Cumbre de Guadalajara se dedicó un apartado entero a la Cohesión Social, pero no se hace ninguna referencia a la SC. Al contrario, en el encuentro paralelo organizado por el CESE, se demanda la participación de la SC en cualquier agenda que se forme en pro de la cohesión social. Respecto a los métodos para construir cohesión social, se nota claridad de intenciones en las declaraciones de la SC como en la de los jefes de Estado o de Gobierno. En la declaración del Tercer Encuentro de la Sociedad Civil Organizada Unión Europea-América Latina y Caribe se afirma que: "Para la consecución de un crecimiento y desarrollo económico integrales, es necesario un mayor equilibrio entre la dimensión económica y la social", a través de políticas que "favorezcan la negociación entre los interlocutores sociales" y además se subraya cómo en América Latina "los sistemas fiscales no favorecen ni el objetivo del desarrollo económico ni el de la justicia social"[24]. En la Declaración de Guadalajara se declara que deberían implementarse "políticas fiscales que permitan una mejor distribución de la riqueza y garanticen niveles adecuados de gasto social"[25].

Uno de los objetivos está claro: reforma fiscal. Según el último informe de CEPAL sobre Cohesión Social, la tremenda desigualdad económica presente en la región se podría atenuar a través de una reforma fiscal teniendo cuidado de no comprometer la posición de las clases medias. Para no gravar demasiado a las escasas clases medias latinoamericanas hay que aumentar las tasas marginales que gravan las rentas más altas, las rentas del 10 por ciento de la población más rica que en algunos casos llegan a ser hasta el 200 por ciento más elevadas que las de los quintiles pobres[26]. Pero lamentablemente a mayores ingresos en América Latina corresponde casi siempre mayor poder político, entonces —sigue CEPAL— es muy improbable que sean las mismas clases altas las que decidan aumentar las cargas tributarias en esta dirección. A mi juicio, hay que romper la lógica que sigue favoreciendo que las clases más ricas y poderosas sean las que gobiernan para poder por lo menos esperar que otras fuerzas implementen una reforma de este tipo sin que tengan que defenderse cotidianamente de una "contrarrevolución".

En la Declaración de Viena además de "dar la bienvenida" a los foros de la SC se hace referencia a ella sólo una vez: "Reconocemos la importancia de fomentar la responsabilidad social de las empresas, de estimular el diálogo social y la participación de todos los interlocutores pertinentes, incluida la sociedad civil, así como el respeto a la diversidad étnica, con el fin de construir sociedades más cohesionadas"[27]. En esta frase no se subraya para nada la importancia y el rol que la SC debería jugar en la lucha contra la pobreza, la desigualdad y la exclusión, los temas del apartado de la declaración al cual se refiere esta citación. Respecto a la Declaración de Guadalajara, donde los presidentes reiteraban la importancia de actuar reformas para la cohesión social juntos con la SC, en la Declaración de Viena la SC parece regresar a un nivel inferior. Si en la Declaración de Guadalajara la SC adquirió cierta importancia en los procesos que deberían llevar a los acuerdos de asociación, en Viena no se hace ninguna referencia a ello. Sin embargo, la posición de la SC reunida en Viena es muy clara: "Los procesos de integración y los acuerdos de asociación implican desafíos y oportunidades. Y una voluntad política clara y ampliamente compartida para afrontarlos. Para que tales procesos tengan éxito es imprescindible la implicación en los mismos de la sociedad civil y un adecuado equilibrio e interrelación entre los objetivos económicos, sociales y medioambientales"[28]. La SC debe tener mucha más importancia que en el pasado y tiene que ser protagonista en los acuerdos de asociaciones, así como en la definición de las agendas públicas, locales, regionales, nacionales o internacionales. Es lo que pide a gran voz también el Foro Social Mundial: un mayor protagonismo de las personas, sobre todo las más excluidas, sobre las cuales recaen las consecuencias más negativas de políticas públicas erradas.

Poco a poco que avanzan las relaciones entre la Unión Europea y América Latina avanzan también las reivindicaciones de las sociedades civiles de ambas regiones para participar en los acuerdos de asociación. La situación actual ve las dos regiones empeñada en construir tres acuerdos de asociación: uno con Centroamérica, otro con la Comunidad Andina y el tercero con el Mercosur. Todavía no se ha llegado al acuerdo, pero la SC en los tres casos está participando en el diálogo. Ya en marzo de 2006, el "Foro Europeo de Cooperación Internacional"[29] presentó el "Manifiesto de organizaciones de la SC de Europa, Centroamérica y de la Región Andina sobre las futuras negociaciones de Acuerdos de Asociación con Centroamérica y Comunidad Andina". En este documento se nota un general escepticismo sobre los futuros acuerdos, debido a la natura de los acuerdos firmados con México y Chile y se afirma que en cualquier tipo de acuerdo "la negociación de los acuerdos de asociación debe partir del reconocimiento de la desigualdad de desarrollo económico y social entre las partes negociadoras"[30].

Otro elemento muy interesante, que recuerda este manifiesto, es que los futuros acuerdos tienen que respetar el Convenio Número 169 de la OIT sobre pueblos indígenas: Chile, país considerado ejemplo para AL (le llaman "el jaguar de América Latina"), todavía no ha ratificado el convenio y sigue siendo el país número trece por desigualdad en el mundo según el último Informe de Desarrollo Humano 2007-2008. Y, a mi juicio, no es casualidad que en la Declaración Final de la Cumbre Iberoamericana de Santiago de Chile (2007) los pueblos indígenas estén completamente ausentes. Sin embargo, en todos los informes mundiales que tratan los temas de la cohesión social, de la desigualdad o de la pobreza se afirma que una de las categorías más excluidas son los pueblos indígenas; la misma Comisión Europea en su Documento de Programación Regional para América Latina (2007-2013) reitera varias veces cómo será importante la defensa de los derechos de los pueblos indígenas, que están entre los más excluidos en la región, y cómo será fundamental la participación de la SC en todas las políticas públicas que buscan este objetivo[31]. El conflicto mapuche es otro tema interno sobre el cual Chile todavía tiene que encontrar una solución democrática. Y la SC chilena tiene mucho que decir al respecto. En las conclusiones, dicho manifiesto afirma la importancia de la transparencia de los futuros acuerdos ("la sociedad civil y los parlamentos deben tener acceso irrestricto a todos los documentos inherentes a la negociación, en español y con suficiente antelación") y de la participación de la SC en las negociaciones a través de mecanismos "lo más amplios y representativos posible"[32].

El Primer Foro de la Sociedad Civil sobre Relaciones UE-CAN tuvo lugar el 3 de marzo de 2005 y fue convocado por la Dirección General de Relaciones Exteriores de la Comisión Europea[33] y después de esta primera experiencia se creó en la página web de la CAN un Foro Virtual en el cual todo el mundo puede participar, entre otras cosas, contestando a la pregunta: "¿Qué se debe hacer para garantizar una participación efectiva de la SC en las negociaciones CAN-UE para un Acuerdo de Asociación?"[34]. En este sentido es muy interesante la aportación de una red de organización de la SC que en mayo de 2007 presentó una propuesta[35] de participación partiendo del hecho de que ningún acuerdo "tendrá la debida legitimidad democrática si prescinde de una participación apropiada de la sociedad civil andina y europea en cada una de las etapas del proceso de negociación y posterior implementación": 1) la falta de acceso a la información oficial es un obstáculo que necesariamente hay que superar, ¿cómo?, por ejemplo a través de la creación de un "mecanismo centralizado de acceso y difusión de la información" (una página web) y "que las agendas sean públicas y publicadas con anterioridad a través del mecanismo propuesto en el punto anterior"; 2) creación de espacios y escenarios adecuados de interlocución y participación (talleres nacionales y regionales para el intercambio de experiencias, espacios para la presentación de propuestas y reuniones de diálogo después de cada ronda de negociación y foros por lo menos una vez al año; 3) realización de estudios de impacto y sostenibilidad[36].

De extraordinaria importancia ha sido también la reunión que tuvo lugar en Lima el 24 de noviembre del 2007: ahí Camilo Reyes, coordinador general de las Negociaciones CAN-UE, y Freddy Ehlers, secretario general de la CAN, así como representantes de la UE escucharon las inquietudes y las propuestas de los representantes de muchas organizaciones de la SC[37]. El secretario general de la CAN destacó la importancia de nuevos actores de la SC, "además de los tradicionales sectores de empresarios y trabajadores, han surgido actores importantes que están representados en la CAN como los consumidores, los pueblos indígenas y académicos, entre otros"[38].

Respecto a Centroamérica, el 5 y 6 de marzo de 2007, en la ciudad de Tegucigalpa (Honduras), se llevó a cabo el II Foro de Diálogo Sociedad Civil "Perspectivas hacia un Acuerdo de Asociación entre Centroamérica y la Unión Europea" con el objetivo de identificar las propuestas de mecanismos de participación de la SC en el proceso de negociación del Acuerdo de Asociación con la UE. Antes de que empezara el Foro, el Directorio del Comité Consultivo del Sistema de la Integración Centroamericana (CC-SICA), como instancia de participación de la SC regional, organizó el "Taller para la identificación y validación de plataforma programática de la sociedad civil centroamericana, para la negociación del Acuerdo de Asociación Unión Europea y Centroamérica", donde se recogían muchos de los debates surgidos en los años anteriores al interior de las redes de la SC, y se reflexionó sobre las propuestas de marcos de participación[39].

Las propuestas de este taller llegaron al Foro, que al final presentó su informe sobre las conclusiones de los trabajos. Hay peticiones muy claras y puntuales como el cumplimiento de los Objetivos del Milenio, la implementación de la Convención sobre Derechos Humanos y, en el caso de Centroamérica, del Protocolo de Derechos Humanos, Económicos, Sociales y culturales (Pacto de San Salvador), de los convenios aprobados en el marco de la OIT como el Convenio 169 sobre los Pueblos Indígenas, así como "todos los convenios, acuerdos, protocolos e instrumentos internacionales, en general, que establecen objetivos al desarrollo integral"[40]. Y objetivos más generales, pero no menos importantes, como la desburocratización o la democratización del proceso que llevará al acuerdo y una amplia información sobre agendas, calendario, negociadores, avances y demás que permitan a la SC seguir atentamente (y bien informada) la evolución de las negociaciones antes, durante y después de las rondas. Se propone que en el título del Acuerdo aparezca el concepto de "desarrollo", desarrollo así como se entiende en la "Alianza para el Desarrollo Sostenible" (ALIDES)[41] adoptada en la Cumbre de Presidentes Centroamericanos (Cumbre Ecológica) de Managua, el 12 de octubre de 1994; que se reconozca y se incluya "el concepto de una región multiétnica y el respeto al multiculturalismo y al multilingüismo"; y que se reconozca como alcance del Acuerdo el desarrollo de la región centroamericana a través de las variantes: a) calidad de vida de la población; b) sostenibilidad ambiental; c) fortalecimiento cultural y reconocimiento de la diversidad étnica; d) desarrollo científico-técnico y fortalecimiento de la educación superior; e) equidad y solidaridad; que se dé más protagonismo al Comité Consultivo del SICA, instancia donde se canaliza la participación de la SC, "y éste, a su vez, debe avanzar en su capacidad de convocatoria, representatividad y eficiencia en la formulación de propuestas y evacuación de consultas"; que se reconozca la necesidad de encontrar mecanismos políticos para que los diputados del Parlamento centroamericano sean "representantes genuinos de los pueblos de la región", limitando por ejemplo los beneficios de este trabajo; en el ámbito de la Cooperación que se incluyan "mecanismos de monitoreo, vigilancia y auditoría social por parte de la sociedad civil"[42]. Varios de estos puntos son subrayados también por el CESE en su "Dictamen de Iniciativa" sobre el tema "Las relaciones UE-América Central"[43]: según el CESE el fortalecimiento de la participación de la SC a través del CC-SICA es fundamental para llevar a cabo unas negociaciones lo más abiertas posible, para el seguimiento de las cuales se necesita también la creación de un Comité Conjunto de Seguimiento. En general, el Acuerdo deberá contener medidas concretas para la gobernanza, la cohesión social, la defensa de los DDHH y del papel de la mujer, así como de las otras componentes excluidas de la sociedad, todos elementos esenciales en las reivindicaciones de las sociedades civiles tanto latinoamericanas como europeas.

En cuanto al Mercosur, según Jorge Balbis los actores de la SC que más espacio han ganado en el marco de la integración regional han sido los empresarios y los trabajadores que han logrado la creación del Subgrupo de Trabajo n° 11, dependiente del órgano ejecutivo del bloque, para tratar sobre todo las cuestiones laborales y de seguridad social. Este logro se ha debido principalmente al papel jugado por los medianos y pequeños empresarios reunidos en la "Comisión Empresarial Mipymes Mercosur" y a los sindicatos de la "Coordinadora de las Centrales Sindicales del Cono Sur". También el movimiento de cooperativas ha ido desarrollando su búsqueda de espacios de participación a través del Grupo Técnico de Enlace para coordinar sus acciones en el Foro Consultivo Económico y Social del Mercosur (creado con el Protocolo de Ouro Preto de diciembre de 1994), hoy en día el principal ámbito institucional de que dispone la SC involucrarse directamente en el proceso regional y entonces en los procesos de asociación con la UE. Este Foro es un órgano representativo de los sectores económicos y sociales, y sus miembros (igual número por cada Estado) son exclusivamente representantes del sector privado, antes trabajadores y empresarios, pero hoy en día también consumidores, cooperativistas, profesionales universitarios y trabajadores de las ONG. En 2000, cuando escribe Balbis, su función era meramente consultiva[44]. El 14 de diciembre de 2007 se celebró en Montevideo el "Encuentro con la sociedad civil": Sebastián Valdomir, de la Alianza Social Continental, afirmó que su organización observará atentamente las negociaciones entre Mercosur y la UE para que ésta no se quede solamente en lo comercial. Lilián Celiberti, de la Plataforma Interamericana de Derechos Humanos, comentó que hay que pasar de un papel testimonial a un papel activo de la SC. Hay que crear espacios institucionales donde poder debatir las políticas de integración y sobre todo informar a la ciudadanía a través de un sistema transparente y participativo[45].

El 16 de mayo de este año se celebró la V Cumbre ALC-UE, en Lima. Los jefes de Estado y de Gobierno todavía se ven obligados a observar "con preocupación que, a pesar del progreso alcanzado, la pobreza, la desigualdad y la exclusión continúan obstaculizando el acceso de diversos sectores de la población a la igualdad de oportunidades para beneficiarse de una vida digna y productiva, dificultan el bienestar de los individuos y fomentan el desplazamiento de personas"[46]. Sin embargo, emergen, a mi juicio, algunos elementos innovadores o reafirmados como:

- Los principios de responsabilidad compartida y de respeto a las asimetrías existentes entre los diferentes países, que son fundamentales para establecer una verdadera cooperación con bases solidarias.
- El necesario ligado entre la lucha por la cohesión social y por un desarrollo sostenible también desde el punto de vista medioambiental.
- "Generar trabajo decente, digno y productivo para todos"[47]; en este sentido también en el "Quinto Encuentro de la Sociedad Civil Organizada" se reivindica "que los acuerdos incluyan un capítulo social y laboral que incorpore el concepto de "trabajo decente"[48]. El IV Foro Euro-Latinoamericano-Caribeño de Sociedad Civil va más allá sosteniendo "el derecho al 'trabajo decente' y al salario justo"[49].
- El sentido de pertenencia y participación de los pueblos a todos los niveles de luchas "contra la pobreza, la desigualdad y la exclusión, fortaleciendo la confianza de los ciudadanos en la efectividad de las instituciones democráticas y en las políticas de desarrollo social"[50], que inevitablemente llama la sociedad civil a reivindicar activamente su participación.
- Pero, sobre todo, la necesidad de cambiar los insostenibles patrones de producción y de consumo que están obstaculizando un verdadero desarrollo sostenible.

Este último punto me llama mucho la atención porque el cambio de estos patrones está en la base de todas las iniciativas de economía solidaria o de CJ. Sin embargo, la Declaración de Lima no hace ninguna referencia a estas dos prácticas. Pero ¿de verdad la Unión Europea combatirá eficazmente la pobreza, la desigualdad y al mismo tiempo el cambio climático? Según los movimientos, que se han reunido en la tercera cumbre "Enlazando Alternativas", la estrategia de la UE "supone la profundización de las políticas de competitividad y crecimiento económico que buscan implementar la agenda de sus transnacionales y profundizar las políticas neoliberales, incompatibles con el discurso sobre el cambio climático, la reducción de la pobreza y la cohesión social" y simplemente reproduce el esquema de los Tratados de Libre Comercio que se están firmando con EE UU. Como podemos ver, el actual panorama de las relaciones birregionales entre UE y AL no es seguramente de lo más simple. Como recientemente comentaba Alberto Navarro en la Casa de América de Madrid durante la mesa redonda: "¿Sirve el diálogo político entre la Unión Europea y América Latina?", las relaciones entre la UE y AL se han estancado, mientras que los EE UU han vuelto, con sus acuerdos, a jugar un papel preponderante. Si para algunos Europa sigue siendo un contrapeso a la presencia hegemónica de los Estados Unidos, por otros todavía no se ha logrado ofrecer algo de verdad alternativo, que vaya más allá de la búsqueda de una cierta paridad comercial con los TLC impuestos por el vecino del Norte. Entonces, ¿cuál es para AL la "ventaja comparativa" de sus relaciones con Europa?

Es cierto que las relaciones birregionales se han estancado y parecen no conducir a ningún resultado, pero esta pausa puede ser considerada también positiva. En Europa estamos viviendo un momento de replanteamiento de las estrategias internas que parecen haber encontrado una solución en Lisboa. Sin embargo, deberíamos preguntarnos qué papel ha jugado la SC europea en este replanteamiento a nivel institucional. A mi juicio, ninguno; y es otra demostración del "miedo" que las instituciones de Bruselas parecen tener al momento de escuchar de verdad a los ciudadanos. ¿Miedo a otro fracaso después del rechazo al texto constitucional? Sí, pero no solamente. Creo que la preocupación de repensar en todo el proceso de construcción de una Europa más solidaria todavía es muy fuerte y, naturalmente, no todos los actores se plantean un cambio.

En el frente internacional aún queda mucho trabajo por hacer. No se ha encontrado un acuerdo con los bloques regionales como Centroamérica, la CAN y el Mercosur y paralelamente a estos procesos hemos visto cómo han ido aumentando los foros de la SC que progresivamente está adquiriendo una posición más importante. No puedo decir si los dos procesos tienen relación de causa-efecto, pero es indudable que la presencia de nuevos actores, que reclaman un fuerte protagonismo, desacelera las negociaciones. ¿Para bien o para mal? Hay que preguntarse si desacelerar, reflexionar y escuchar a nuevos actores es lo que también los Gobiernos latinoamericanos quieren hacer.

Es indudable que los mecanismos de diálogo con la SC están mejorando poco a poco, sobre todo a partir de la Cumbre de Guadalajara, cuando se dieron muchas iniciativas previas y paralelas a la cumbre de jefes de Estado. En Viena, el sector empresarial recibió la mayor atención: ahí se celebró la Primera Cumbre Empresarial UE-ALC, pero también el Foro de la Sociedad Civil convocado por la Asociación Latinoamericana de Organizaciones de Promoción y el Foro Enlazando Alternativas II, como expresión de un conjunto de movimientos sociales, redes y plataformas, ONG de las dos regiones, entre las cuales juegan un papel fundamental las organizaciones de CJ y de la economía solidaria. Aunque estos tipos de foros se estén multiplicando, también tenemos que pensar en un tema muy importante: su financiación. Las organizaciones de América Latina, si no son grandes o no tienen una contraparte europea con recursos disponibles, es muy difícil que puedan participar en todas las ocasiones y al final puede pasar que sean siempre las mismas organizaciones las que participen en estos foros birregionales, mientras que las realidades nacionales son muchos más variopintas. Y por esta razón parece muy importante que el Gobierno mismo, donde se lleva a cabo la cumbre, se involucre directamente para garantizar una participación los más abierta posible y al mismo tiempo lo más representativa posible. En este sentido hay que preguntarse si de verdad todos los Gobiernos latinoamericanos están dispuestos a involucrar de verdad a los ciudadanos en las agendas birregionales que naturalmente tienen consecuencias en las agendas nacionales. Sin embargo, cuanto más se profundiza la agenda de las relaciones birregionales, más difícil será dejar de lado a la SC.

En definitiva, lo que piden las sociedades civiles latinoamericanas es pasar de vivir de una "democracia electoral" a una "democracia real", una democracia donde el acento no está puesto en el elector, sino en el ciudadano. Y la SC organizada debe poder tener un rol importante en la construcción de la ciudadanía, a mi juicio más importante del papel que puede jugar cualquier Gobierno de turno. Y sobre todo debe ser efectivo. No podemos limitar, por ejemplo, la participación de la SC al testimonio de los acuerdos que se están llevando a cabo. Involucrar a la SC en los procedimientos de toma de decisiones representa, sin duda, un paso adelante en el proceso de democratización de una sociedad: garantiza una mayor gobernabilidad y sobre todo una mayor transparencia de los mecanismos de poder. Y todos conocemos cómo la corrupción y la consecuente desconfianza hacia las instituciones estatales son problemas casi endémicos en AL, pero también en algunos países europeos como por ejemplo Italia. No es casualidad que el tejido social de ONG, asociaciones, movimientos sociales italianos sea uno de los más ramificados y extensos del viejo continente.

Hemos visto cómo está aumentando la importancia de la SC en las relaciones entre Europa y América Latina, y también hemos visto cómo es sobre todo a partir de ella que el movimiento del CJ se está expandiendo. Muy interesante, por ejemplo, fue la experiencia del Foro Latinoamericano de la Economía Solidaria y el Comercio Justo[52], organizado en el marco de la Cumbre de los Pueblos de América en Mar de Plata (noviembre de 2005). Ahí se reafirmaron los acuerdos del "Encuentro Emprendedor de Economía Solidaria y Comercio Justo en América Latina" (Cochabamba, septiembre de 2005), del cual ya hablé anteriormente, y a través de los cuales se quiere impulsar una mayor coordinación y una mayor articulación en el proceso de expansión del CJ y de la economía solidaria en la región latinoamericana.

En casi todas las cumbres paralelas o alternativas se hace referencia al cambio de reglas del comercio internacional como necesario punto de partida para mejorar el DES de los PED, pero no solamente. A los derechos civiles y políticos, los derechos laborales, las cuestiones de género, los derechos de los pueblos indígenas, los temas ambientales se acompañan ahora constantemente los derechos económicos y sociales. En general, "el derecho al desarrollo", un derecho que el CJ, a través de su estrategia transversal, está empujando desde abajo pero también desde arriba gracias al importante trabajo de *advocay* llevado a cabo por el grupo FINE y también a través de todas las campañas nacionales, regionales, birregionales (como en el caso de las redes euro-latinoamericanas) e internacionales organizadas por las organizaciones de CJ. ¿Hasta dónde puede llegar el movimiento del CJ? ¿Va a seguir siendo una alternativa paralela o finalmente logrará el objetivo de cambiar las reglas del juego y de esta manera equilibrar las relaciones entre el Norte y el Sur? ¿Será una utopía hecha realidad o seguirá siendo una pequeña realidad con un objetivo utópico? ¿Cuáles deberían ser las estrategias para garantizar un crecimiento cuantitativo y cualitativo del CJ tanto en Europa como en América Latina? ¿Cuáles serán los principales desafíos? ¿Es la SC el actor justo para estos cambios a nivel internacional? Si partimos del cosmopolitismo metodológico[53], de la gradual reducción de importancia de los Estados Naciones frente a las problemáticas mundiales, así como de la crisis de representación de las actuales democracias y sus sistemas de partidos, parece que tendremos que esperarnos un rol siempre más activo y protagónico de la SC internacional. Sin embargo, este mayor protagonismo tiene que dirigirse hacia un necesario replanteamiento a nivel nacional de las políticas de desarrollo que, aunque al interior de un sistema económico internacional poco justo, aseguren una distribución más equitativa de los recursos, la inclusión social, económica y política de los actores históricamente excluidos y la sostenibilidad ambiental.

Los últimos años noventa y estos años del siglo XXI se han caracterizado por numerosos resentimientos sociales (muchos de los cuales en América Latina) que, como hemos visto, apuntan al cambio, en un momento en el cual estaba cambiando la agenda de la cooperación internacional y se firmaban compromisos internacionales como el Protocolo de Kioto, la Corte Penal Internacional o la Declaración del Milenio. Sin embargo, el 11 de septiembre ha echado abajo esta agenda, convirtiendo el terrorismo y la seguridad en las dos prioridades a nivel mundial. ¿Por qué? ¿Es casual que estos eventos ocurriesen en el año 2001? Los amigos de antes (o quizá de hoy también) se convierten en los enemigos de hoy, el país más potente del mundo no firma algunas de las más importantes convenciones internacionales, menosprecia a la autoridad de las Naciones Unidas, pero estila un listado de supuestos "terroristas" a nivel mundial y todos tenemos que ajustarnos a sus decisiones. Sin embargo, la SC ha dado prueba de no querer plegarse a esta estrategia y a este tentativo de cambio de *focus* proponiendo otro tipo de discurso político.

Personalmente creo que el trabajo de cada día de una SC, siempre más despierta, siempre más activa, siempre más informada, está ayudando a poner de nuevo los problemas fundamentales de la pobreza y de la desigualdad encima de la mesa. No creo que sea una casualidad que en la última Cumbre de Lima los temas centrales hayan sido la cohesión social y la sostenibilidad ambiental[54].

Este nuevo protagonismo de la SC todavía no se ha traducido en un protagonismo real de los ciudadanos organizados en las tomas de decisiones tanto a nivel nacional como a nivel regional o internacional. El proceso que primero llevó al rechazo del texto de la llamada "Constitución europea" y después a la aprobación del Tratado de Lisboa es un ejemplo muy evidente de cómo la SC todavía no puede ser protagonista de los cambios gestionados por los Gobiernos. Pero esto no significa que no pueda llevar a cabo profundos cambios, menos cuantificables, como por ejemplo a nivel de sensibilización y de educación.

Al principio las instituciones europeas hicieron mucho para promocionar este proceso, para que los ciudadanos europeos fueran conscientes de lo que se estaba llevando a cabo. También se constituyó un Foro de la Sociedad Civil que participó en los trabajos de la Convención, aunque de manera puramente consultiva. Sin embargo, según mi opinión, en este Foro participaron organizaciones y asociaciones que representan intereses a menudo muy particulares y que no lograrían canalizar el interés común de los ciudadanos sobre temas de los cuales depende el futuro de la Unión Europea y sus relaciones internacionales. Cuando investigué el proceso que dio vida al texto constitucional me preguntaba, por ejemplo, cuáles podían haber sido los aportes de organizaciones como la "Förderverein Bairische Sprache und Dialekte e.V.", el

"Movimento Antispecista", la "Asociación para la Defensa del Derecho al Desnudo" o el "Observatoire International de la Langue Française"; sin quitar la importancia que estas organizaciones pueden tener a nivel local, no me parecen de verdad representativas de la SC europea. En la página web del Foro faltaban organizaciones de la importancia de Oxfam International, Amnistía Internacional o Attac; faltaban representante de las universidades, de institutos de investigación influyentes como por ejemplo el "Wuppertal Institut", las grandes coordinadoras de ONG nacionales; faltaban importantes sindicatos como el CGIL italiano o el alemán IG Metall, organizaciones que trabajan cotidianamente con los inmigrantes o los refugiados, las redes nacionales e internacionales contra las guerras y la proliferación de los armas; faltaba gran parte de la SC que se encuentra en los foros sociales europeos y mundiales. Creo que no fue casual si en dos de los países fundadores, donde se dio a los ciudadanos la posibilidad de votar sobre el texto, ganó rotundamente el NO. Pese a todas las especulaciones que se hicieron sobre estos resultados "negativos", la conclusión a la cual llegaron las instituciones europeas fue que quizá hubiera sido mejor llevar a cabo un proceso más *soft*, más "escondido", haciendo menos publicidad, involucrando exclusivamente a los Gobiernos y dejando de lado a los ciudadanos, y sobre todo olvidándose de la palabra "constitución". De esta manera, casi sin que nosotros los ciudadanos europeos nos diéramos cuenta, los Gobiernos europeos pactaron un nuevo tratado, el de Lisboa. Sin embargo, el 12 de junio de 2008, los ciudadanos irlandeses, los únicos que tuvieron la posibilidad de expresarse a través de un referéndum, rechazaron el texto del Tratado de Lisboa abriendo otra crisis a nivel europeo. La salida a la primera crisis fue evitar al máximo que los ciudadanos pudieran expresarse directamente sobre el proceso de integración europea. Todos los parlamentos, naturalmente, estaban ratificando el texto del Tratado, pero quedaba la incógnita irlandesa, el único país donde se dejó en manos de los ciudadanos (¿no debería ser siempre así?) el derecho-deber de decidir sobre su futuro: una vez más, cuando son los ciudadanos los que se pronuncian, el resultado es opuesto al de los Gobiernos. ¿Sólo otra casualidad? Veremos cómo se saldrá de esta segunda crisis, y veremos si los ciudadanos europeos, la sociedad civil europea, serán capaces de aprovechar este segundo momento para relanzar un debate profundo sobre el futuro del viejo continente en este mundo tan globalizado donde, de momento, nosotros europeos podemos contar con un cierto bienestar con el cual gran parte de los latinoamericanos no pueden contar.

Nuestro bienestar, a mi juicio, nos hace menos activos, menos reivindicativos, menos luchadores. Los movimientos desde abajo en América Latina nos están mostrando que sí se puede hacer algo para cambiar las cosas aunque este cambio sea inicialmente sólo un cambio de gobierno, que poco nos puede decir de los futuros cambios en las sociedades. Sin embargo, las decisiones tomadas hasta el momento por algunos de los nuevos Gobiernos de izquierda en América Latina nos ponen frente a una realidad diferente, señalándonos que los movimientos sociales pueden influir constantemente en las políticas públicas llevadas a cabo por los Gobiernos. Quizá el caso boliviano sea el más representativo y también esperanzador si pensamos que en el nuevo Plan Nacional de Desarrollo, así como en las declaraciones del presidente Evo Morales, la referencia al CJ es constante: "[...] Es necesario construir y desarrollar vínculos internacionales a través de alianzas estratégicas con Estados que comparten el comercio justo en beneficio de los pueblos y no de las transnacionales que controlan los mercados internacionales y la Organización Mundial de Comercio (OMC). El comercio internacional que garantice la protección de la biodiversidad y la protección de la propiedad intelectual de productos locales indígenas incorporados en los productos ecológicos, los fitofármacos, los nutracéuticos y la medicina tradicional [...]"[55]. ¿Es posible hacer hoy en día un balance del papel jugado hasta el momento por las sociedades civiles euro-latinoamericanas en esta alianza estratégica para el cambio? ¿Es útil hacer un balance en este preciso momento? Utilizando las palabras que el presidente de Ecuador, Rafael Correa, utilizó en un encuentro el día 12 de mayo de 2008 con los estudiantes de la Universidad Complutense de Madrid, creo que más que una "época de cambios" deberíamos augurarnos de estar viviendo un "cambio de época". Entonces quizá sería más útil esperar, pero no esperar pasivamente, sino esperar actuando para que el futuro que esperemos (en los dos sentidos) se construya en el presente.

Si, en vez de eso, queremos sacar una foto ahora del papel de la SC euro-latinoamericana, el balance no podría ser del todo positivo, más bien lo contrario: la real fuerza para incidir en las políticas locales es seguramente más evidente, pero si desde el nivel local pasamos al nivel nacional o internacional la fuerza de la SC es realmente muy escasa. Esto porque, a mi juicio, a nivel internacional juegan poderes muy fuertes y muy poco democráticos que, sin embargo, maniobran las máquinas y las salas de los botones más de lo que podrían hacer las instituciones democráticas internacionalmente reconocidas y democráticamente representativas. No estoy hablando solamente de las grandes transnacionales cuyos ingresos pueden ser mayores a los de varios PED juntos, sino también de organismos internacionales como el FMI o el BM cuyas estructuras no son nada democráticas, porque en ellas domina la ley del más fuerte, es decir, del más rico económicamente, que más voto tiene según las cantidades de aportaciones económicas. ¿Entonces qué esperar de la SC?

Las sociedades civiles latinoamericanas, que desde Europa nos gusta etiquetar como "débiles", nos han demostrado que articulando los esfuerzos y las luchas particulares hacia un objetivo común se pueden cambiar muchas cosas. Naturalmente, las condiciones demográficas, económicas, sociales y políticas de los excluidos de Latinoamérica nos explican, a mi juicio, por qué ciertas condiciones de vida no sean tolerables y entonces también nos explican la fuerza de estos movimientos que, desde luego, no encontramos en Europa. A lo mejor, para una verdadera política de cooperación internacional, nosotros europeos también deberíamos dejar de lado nuestras luchas y nuestros intereses particulares para encaminarnos hacia el objetivo común: garantizar un DES sostenible a los actuales PED y repensar nuestro tipo de desarrollo para ver si de verdad este nivel de bienestar es compatible con el desarrollo de los demás países del planeta.

¿Seremos nosotros europeos capaces de entender los nuevos desafíos en América Latina con ojos más críticos y menos eurocéntricos? ¿Seremos capaces de entender que quizá ciertos estilos de vida, ciertas estructuras institucionales, ciertos tipos de representatividad al estilo europeo no siempre se pueden aplicar a realidades tan diferentes y sobre todo tan desiguales como las latinoamericanas?

¿De qué manera este cambio de mentalidad ayudará el DES de los países del Sur y, con respecto al tema central de este trabajo, de qué manera el movimiento del CJ puede influir de verdad en este cambio de mentalidad?

Es difícil encontrar simples respuestas a todas estas preguntas y aún más difícil es encontrar una estrategia contundente para el cambio de las injustas reglas del juego desde abajo. Pese a esta dificultad intentaré proponer una breve agenda para explicar frente a qué desafíos, a mi juicio, se encuentra el movimiento del CJ en Europa y en América Latina, para que avance más hacia una verdadera mesa de encuentro, de diálogo y de promoción del cambio.

NOTAS

1. Citado en la página web de "Las Naciones Unidas y la Sociedad Civil": www.un.org/spanish/civil_society
2. Christian Freres (2004): "¿De las declaraciones a la asociación birregional?", *Relaciones América Latina y Caribe - Unión Europea I, Nueva Sociedad*, 189, enero-febrero, 118-119.
3. Freres (2004: 118).
4. Segunda Cumbre de los Pueblos de América (CPA, 2001): "Declaración Final", Québec, Canadá, 19 de abril.
5. Cumbre ALC-UE (2006): "Declaración de Viena", Viena.
6. Foro Unión Europea-América Latina sobre Cohesión Social (2007): *Conclusiones y Recomendaciones*, Santiago de Chile.
7. Christian Freres y José Antonio Sanahuja (2005): "Perspectivas de las relaciones Unión Europea-América Latina. Hacia una Nueva Estrategia", ICEI, Universidad Complutense de Madrid-Comisión Europea, Madrid.
8. Véase: www.eesc.europa.eu/index_es.asp
9. Cecilia Alemany (2007): "Mecanismos de diálogo Unión Europea-América Latina", *¿Sirve el diálogo político entre la Unión Europea y América Latina?*, Fundación Carolina-CeALCI, Madrid, 56.
10. El texto de la declaración se encuentra como Anexo a CONGDE (2000: 171-174).
11. Cumbre ALC-UE (2002): "Compromiso de Madrid", Madrid.
12. II Encuentro de la Sociedad Civil Organizada de Europa, América Latina y Caribe (2002): "Declaración de Madrid", *Organised Civil Society. Europe, Latin America and the Carribean*, EESC Pamplhet Series, Office for Official Publications of the European Communities, Bélgica.
13. I Foro Euro-Latinoamericano-Caribeño de la Sociedad Civil (2002): "Declaración ante la II Cumbre de Jefes de Estado y de Gobierno Unión Europea-América Latina y el Caribe", Alcobendas, Madrid.
14. Ibídem.
15. Cumbre ALC-UE (2004): "Declaración de Guadalajara", Guadalajara, México.
16. II Foro Euro-Latinoamericano-Caribeño de la Sociedad Civil (2004): "Declaración ante la III Cumbre de Jefes de Estado y de Gobierno de la Unión Europea, América Latina y el Caribe", Patzcuaro, Michoacán, México.

17. Red "Enlazando Alternativas" (REA, 2004): "Pronunciamiento social de Guadalajara, frente a la Cumbre Unión Europea-América Latina y el Caribe. Los derechos de los pueblos están primero", Guadalajara, México.
18. Cumbre ALC-UE (2006): "Declaración de Viena", Viena.
19. IV Encuentro de la Sociedad Civil Organizada de Europa, América Latina y Caribe (2006): "Declaración final", Viena.
20. III Foro Euro-Latinoamericano-Caribeño de la Sociedad Civil (2006): "Declaración de Viena Ante la IV Cumbre de Jefes de Estado y de Gobierno de la Unión Europea, América Latina y el Caribe", Viena.
21. Página web de la campaña "Bank-Track": www.finanzaseticas.org/setem/actua/campanas-BankTrack
22. Foro Social Europeo de Atenas (FSE, 2006): "Declaración de la asamblea de los movimientos sociales del IV Forum Social Europeo", Atenas.
23. I Foro Euro-Latinoamericano-Caribeño de la Sociedad Civil (2002).
24. III Encuentro de la Sociedad Civil Organizada de Europa, América Latina y Caribe (2004): "Declaración final", Guadalajara, México.
25. Cumbre ALC-UE (2004): "Declaración de Guadalajara", Guadalajara, México.
26. CEPAL (2007b): *Cohesión Social. Inclusión y sentido de pertenencia en América Latina y el Caribe*, Naciones Unidas- CEPAL, Santiago de Chile, 59-60.
27. Cumbre ALC-UE (2006).
28. IV Encuentro de la Sociedad Civil Organizada de Europa, América Latina y Caribe (2006): "Declaración final", Viena.
29. Página web del "Foro Europeo de Cooperación Internacional": www.euforic.org
30. Euforic (2006): "Por acuerdos justos. Manifiesto de organizaciones de la sociedad civil de Europa, Centroamérica y de la Región Andina sobre las futuras negociaciones de Acuerdos de Asociación con Centroamérica y Comunidad Andina", Europe's Forum on International Cooperation.
31. Comisión Europea (2006b): *Documento de Programación Regional, América Latina 2007-2013*, Bruselas.
32. Euforic (2006).
33. Alemany (2007: 55).
34. Véase: www.comunidadandina.org/exterior/ue_sociedadcivil.htm
35. El texto de la propuesta al cual me refiero se puede encontrar en la siguiente página web: www.cepes.org.pe/Red-GE/docs/Prop_SC_AdApor ciento20UE-CAN_25Mayo7.pdf
36. VV. AA. (2005): *Participación de la sociedad civil en las negociaciones del Acuerdo de Asociación UE-CAN*, Lima.
37. Véase: www.comunidadandina.org/exterior/ue_reportaje.htm
38. Véase: Nota de Prensa de la CAN, Tienden puentes entre la sociedad civil de la Unión Europea y de la Comunidad Andina, en: www.comunidadandina.org/prensa/notas/np20-11-07.htm
39. CC-SICA (2007): "Propuestas para la negociación del Acuerdo de Asociación Europa Centroamérica, desde la Sociedad Civil Centroamericana", Tegucigalpa.
40. Ibídem, pág. 6.
41. "Un proceso de cambio progresivo en la calidad de vida del ser humano, que lo coloca como centro y sujeto primordial del desarrollo, por medio del crecimiento económico con equidad social y la transformación de los métodos de producción y de los patrones de consumo y que se sustenta en el equilibrio ecológico, soporte vital de la región. Este proceso implica el respeto a la diversidad étnica y cultural regional, nacional y local, así como el fortalecimiento y la plena participación ciudadana, en convivencia pacífica y en armonía con la naturaleza, sin comprometer y garantizando la calidad de vida de las generaciones futuras", el texto entero de la Alianza se puede encontrar en:

www.sieca.org.gt/publico/Reuniones_Presidentes/cumbre_ecologica_centroamericana/alianza.htm
42. CC-SICA (2007).
43. CESE, Dictamen sobre el tema "Las relaciones UE-América Central", Diario Oficial de la Unión Europea, 27 de octubre de 2007, disponible en: http://eur-lex.europa.eu/LexUriServ/LexUriServ.do?uri=OJ:C:2007:256:0138:0143:ES:PDF
44. Jorge Balbis (2000): "La Participación de la Sociedad Civil en el proceso de Integración del Mercosur", *La Sociedad Civil del Mercosur y Chile en la Asociación con la Unión Europea*, CELARE, Santiago de Chile.
45. Boletín Somos Mercosur (2007): "Organizaciones de la sociedad civil evaluaron situación del proceso de integración junto a las máximas autoridades del bloque", www.somosmercosur.org
46. Cumbre ALC-UE (2008): "Declaración de Lima", Lima, 4.
47. Ibídem, págs. 5 y 8.
48. V Encuentro de la Sociedad Civil Organizada de Europa, América Latina y Caribe (2008): "Declaración final", Lima, pág. 6.
49. IV Foro Euro-Latinoamericano-Caribeño de la Sociedad Civil (2008): "Declaración de Lima", 1 de abril de 2008, Lima, 5.
50. Cumbre ALC-UE (2008: 5).
51. Red "Enlazando Alternativas" (2008): *Declaración Final*, Lima, Perú.
52. Conclusiones y propuestas del Foro Latinoamericano de la Economía Solidaria y el Comercio Justo, durante la IIIª Cumbre de los Pueblos de América Mar del Plata, Argentina, noviembre de 2005; disponibles en: www.cumbredelospueblos.org/article.php3?id_article=127
53. Bernardo Sorj (2007): "¿Pueden las ONG reemplazar al Estado? Sociedad civil y Estado en América Latina", *Nueva Sociedad*, nº 210, julio-agosto, 135.
54. "[...] Superar la pobreza, la desigualdad y la exclusión es crucial para el logro de la cohesión social, para el desarrollo sostenible y para la eficacia de nuestra asociación birregional. La degradación ambiental y el cambio climático afectan seriamente nuestro crecimiento económico, perjudicando más a los pobres y amenazando seriamente todas las perspectivas de futuro de nuestros pueblos [...]", punto número 10 de la Declaración de Lima, Cumbre ALC-UE (2008: 3).
55. Plan Nacional de Desarrollo de Bolivia, apartado 2.1, "La concepción de desarrollo", consultable en la siguiente página web: http://www.planificacion.gov.bo/BANNER/PARApor ciento20PAGpor ciento20WEB/pdf/2-1.pdf

CONCLUSIONES: ¿CÓMO CAMBIAR LAS REGLAS DESDE ABAJO?

En esta obra hemos empezado por la idea de que el comercio internacional puede ayudar el crecimiento económico y el DES de un país pero que, en realidad, en el mundo en el cual vivimos, la decantada liberalización del comercio no existe porque los países más desarrollados y más fuertes económicamente defienden sus intereses y no permiten una total liberalización de los flujos de bienes y servicios, ya que no en todos los productos o servicios los países desarrollados tienen una ventaja comparativa.

También hemos visto la importancia del comercio local y nacional para las relaciones con todos los otros anillos de la cadena productiva que une los productores del Sur con los consumidores del Sur y del Norte. Hemos hablado del valor que tiene la industrialización como fase del desarrollo y cómo será necesario poder producir manufacturas y productos elaborados por los efectos económicos y de progreso positivos que tienen los necesarios eslabonamientos del proceso de industrialización. También hemos visto cómo sería beneficioso para los PED empezar a exportar productos finidos, con un mayor valor añadido; pero al mismo tiempo conocemos las dificultades y las carencias técnicas de las cuales sufren los PED y los obstáculos interpuestos por los países del Norte a la importación de dichos productos.

En este contexto hemos visto cómo las relaciones entre las sociedades civiles europea y latinoamericana se están multiplicando y están adquiriendo una importancia creciente en todo lo que se refiere a las relaciones entre las dos regiones y al proceso de AE impulsado por los Gobiernos. Dentro de estas relaciones el movimiento del CJ está poco a poco abandonando su pequeño rincón para jugar un papel a menudo muy interesante para el DES de las comunidades latinoamericanas. Para el futuro, el CJ se encuentra frente a varios desafíos y varios problemas de la resolución de los cuales dependerá el futuro mismo de este movimiento: ¿seguirá siendo un nicho de producción y consumo muy exclusivo o será capaz de "imponer" poco a poco su lógica en Europa como en América Latina?

Para que el CJ no siga siendo solamente una realidad utópica destinada a no representar nunca una alternativa concreta a este tipo de sistema económico mundial y para que sus potencialidades a nivel de impulso hacia el desarrollo sean más evidentes, falta mucho por hacer, tanto en Europa como en América Latina. Visto la importancia que España está jugando en las relaciones birregionales, el CJ español también tendrá que encontrar su camino al momento de relacionarse con las fuerzas económicas y políticas que determinan estas relaciones.

Veamos algunos de estos desafíos, tanto para Europa como para América Latina:

- Se necesita un verdadero *cambio de mentalidad* que inevitablemente pasa por repensar los patrones de producción y consumo nacionales y globales. En este sentido, el CJ no puede desligarse de las prácticas del consumo responsable y ético. El consumidor tiene que convertirse en un "consumactor"[1], impulsando por ejemplo las redes de comercialización cortas y los grupos de consumo solidario al interior de su comunidad más cercana (los vecinos, el barrio, la ciudad) y tomando conciencia de su papel en la economía tanto local como mundial.
- El CJ debe basarse en una *resocialización/humanización* del proceso comercial, del acto mercantil[2], para recuperar la relación solidaria y de confianza entre productor y consumidor, así como entre vendedor y consumidor. El CJ no elimina al

mercado, sino lo "personaliza", subrayando su característica de "construcción social"[3].

- Este cambio de mentalidad puede generarse sólo a través de la *educación*, desde los primeros años del colegio. Los talleres y seminarios que muchas organizaciones de CJ organizan en varias escuelas ya son una realidad, pero todavía muy escasa. Los ministerios de Educación deberían replantearse los programas de los cursos de básica para insertar la cultura de la sostenibilidad y de la solidaridad.
- En general hay que mejorar y *ampliar las informaciones* sobre el CJ, para que los consumidores conozcan y elijan estos productos: por ejemplo, el "Barómetro de Consumo 2007" de la Fundación Eroski nos dice que en 2006 "sólo el 26 por ciento de los consumidores dice haber adquirido alguno de estos artículos en los últimos doce meses, cuando en 2005 la proporción era del 25 por ciento"[4].
- Se necesita establecer una *convergencia más eficaz entre las actividades* de la economía solidaria, comunitaria y local, las prácticas del CJ, del cuidado medioambiental, de los bancos éticos, del ahorro energético, etc. Una propuesta innovadora es la realidad de la "Ciudad permanente de la Economía Solidaria", creada en el barrio Testaccio de Roma. Una respuesta concreta al lema "piensa global y actúa localmente".
- *Impacto:* en general, conocemos mal el impacto del comercio justo Sur-Norte sobre el desarrollo local. Hay que desarrollar métodos de seguimiento, monitoreo y evolución más eficaces, más abiertos y tienen que ser divulgados. En este sentido los donantes tienen que vincular explícitamente una parte del presupuesto de los proyectos de desarrollo a esta labor y llevarla a cabo.
- Hay que construir una *plataforma de advocacy euro-latinoamericana* para impulsar las prácticas del CJ en las dos regiones y para el seguimiento y la participación en los acuerdos de AE. Así como se ha formado el grupo FINE, se podría formar un grupo birregional euro-latinoamericano que siga más atentamente el desarrollo del CJ en las dos regiones.

- *Reforzar todas las cumbres alternativas a las de los Gobiernos:* 1) las cumbres organizadas por el CESE, aunque pensadas desde arriba, pueden representar un buen punto de partida para mejorar la importancia de la SC al interior de las instituciones europeas; 2) las cumbres más alternativas como "Enlazando Alternativas", que representan el vínculo fundamental con los movimientos sociales en los dos continentes; 3) los foros latino-caribeños y los foros sociales mundiales, de las Américas y europeos que representan verdaderas plataformas donde tejer relaciones para el desarrollo.
- Fortalecer la cooperación estratégica entre otros *movimientos sociales* y el movimiento del CJ, como hemos visto en el caso del proyecto "Tejer el Futuro", parece estar dando óptimos resultados.
- El CJ podría representar un buen punto de partida para estudiar las relaciones entre Europa y América Latina, así como las relaciones entre las sociedades civiles de las dos regiones[5]. Entonces, ¿por qué no constituir un *Observatorio de las Relaciones Comerciales Alternativas y Solidarias entre Europa y América Latina?*

Desafíos para el CJ en América Latina:

- En ciertos tipos de producción, como los productos artesanales la *inestabilidad de la demanda* puede obstaculizar el desarrollo de la producción. Casi siempre esta inestabilidad depende de las características de la oferta: precios poco competitivos, escasa adecuación al cambio y a la innovación y las insuficientes informaciones sobre los mercados de destino son algunas de estas causas sobre las cuales hay que replantearse la producción de productos artesanales[6].
- *Reforzar las organizaciones de CJ* en el Sur porque son éstas las que gestionan los pedidos de las importadoras del Norte garantizando los estándares de calidad y el manejo de los envíos; son las que pueden llevar a cabo el trabajo de *marketing* y de estimulación de nuevas líneas de productos tanto

para el mercado exterior como interior; son ellas las que ofrecen oportunidades de capacitación y formación profesional.

- En los países del Sur hay que *evitar* que se creen *islas de desarrollo* donde llega la ayuda al desarrollo o donde se desarrollan los proyectos de CJ, y otras que desaparecen lentamente del mapa. La cooperación tiene que seguir las líneas trazadas por los *planes de desarrollo nacional* de cada país.
- Hay que mantener ligado el CJ con la *soberanía alimentaria, la salud y el medioambiente:* a través de una metodología transversal.
- Es imprescindible ligar el DES de América Latina a los *aspectos medioambientales.* Tratar juntos los temas de la cohesión social y lucha al cambio climático, como en la última cumbre de Lima, puede ser la justa estrategia, si no queda en papel.
- *Promover el CJ Sur-Sur,* hoy en día prácticamente inexistente. Los avances en los procesos de integración latinoamericana ayudarían el CJ Sur-Sur, pero en este momento los procesos se encuentran muy estancados. Por parte europea, también habría que trabajar para que la Unión Europea no limite su definición de CJ a las relaciones Norte-Sur. La búsqueda de *partners* a nivel nacional debe ser fundamental. Recogiendo las ideas de los tres talleres sobre el CJ Sur-Sur[7] en el Foro Social Mundial de Nairobi (2007), Ana Isabel Otero, investigadora de la Universidad del Québec en Montreal concluye: "Incitado por la búsqueda de mercados en el Sur, el comercio justo parece vivir nuevos momentos. Sin embargo, esta búsqueda necesita instrumentos innovadores y mejor adaptados a la cultura local y a las necesidades de las comunidades locales. El resultado podría ser una nueva definición del mismo CJ y una reorganización de la producción. De hecho, los productores debieron conformarse con los valores o las exigencias de los consumidores del Norte, que no corresponden a menudo a los valores o a las posibilidades de producción del Sur. Esta readaptación permitiría nuevos escenarios para los productores"[8].

- La *apertura de tiendas* con productos de todo el continente aumentaría la diversificación de los productos y podría generar una mayor atracción y un mayor acercamiento al CJ.
- *Nuevos sectores* también pueden entrar a formar parte del movimiento para un comercio con justicia. Para los PED, por ejemplo, es esencial replantearse el papel del *turismo*: es un gran desafío para el futuro, sobre todo porque el turismo para muchos PED representa gran parte de sus ingresos, pero también porque con los medios de comunicación actuales, el viaje se está convirtiendo en otro producto más que siempre más gente puede comprar; pensar en un turismo justo o responsable, donde los turistas tomen conciencia de las graves desigualdades que generalmente genera esta actividad, de los problemas medioambientales de un turismo "irresponsable" y de los beneficios que deberían sacar los habitantes y las comunidades de los destinos, es de fundamental importancia.
- Otro reto es dejar la transformación de los productos lo más cercano posible a los productores, de manera que éstos ganen del *valor agregado* de sus exportaciones. En este sentido, los productos textiles juegan un papel fundamental: el CJ tiene que mirar más hacia los *productos industriales de gran consumo como vestidos o calzados*; por eso la experiencia de "Tejer el Futuro" es tan innovadora. Hay que invertir la actual tendencia: en los primeros cinco años del siglo XXI la venta de artesanías bajó al 26,8 por ciento del valor de todas las ventas de CJ, mientras que los alimentos subieron del 25 por ciento[9].

Desafíos en Europa:

- Es necesario ligar más estrechamente las prácticas del CJ con los proyectos de *bancos éticos* que invierten nuestros ahorros en proyectos sostenibles y responsables. En este sentido los bancos éticos deberían empezar a plantearse cómo poder ofrecer a los inmigrantes latinoamericanos presentes en Europa la posibilidad de ahorrar sabiendo que sus ahorros se están invirtiendo en proyectos que favorecen el DES de las comunidades de origen. En otras palabras, en las prácticas de *codesarrollo* los bancos éticos deberían llegar primero que otros bancos comerciales que, como hemos visto, están invirtiendo en proyectos "insostenibles e irresponsables".

- La entrada de las *grandes superficies o grandes multinacionales* en el CJ puede tener el riesgo de alterar la naturaleza del movimiento del CJ y entonces debilitarlo; en este sentido sería mejor *constituir sellos de garantía nacionales* sobre los cuales haya un consenso general.
- En general hay que trabajar para un *mayor compromiso por parte de las instituciones europeas* sobre todo si consideramos que "Europa es el mayor mercado para los productos del comercio justo, con un porcentaje estimado entre el 60 por ciento y el 70 por ciento de las ventas mundiales y un potencial de crecimiento aún mayor"[10].
- El rechazo de la división internacional del trabajo pasa inevitablemente por una mejora en la diversificación de la producción de las organizaciones de CJ en el Sur: para lograrlo la ayuda al desarrollo tiene que mirar a la *capacitación técnica y al necesario apoyo en infraestructura* para que se abran nuevos nichos productivos y comerciales.
- *Contacto directo con los productores:* de momento son sobre todo las importadoras las que mantienen los contactos. A mi juicio es necesario un mayor acercamiento, entre las pequeñas organizaciones de CJ y los productores. Estaría bien que cada organización tenga por lo menos un hilo directo con un grupo de productores: de esta manera se puede seguir más de cerca el desarrollo de la producción, se pueden elaborar más fácilmente trabajos de evaluación y el consumidor obtiene más informaciones y más precisas.

Algunos desafíos para España:

- Particularmente, España se encuentra en un momento clave para el futuro de su CJ. Creo que para su crecimiento en cantidad y en calidad, el movimiento español debería

> hoy en día mirar sobre todo a tres objetivos: 1) *entrar en los comedores de las estructuras públicas*, como colegios, universidades, Administraciones locales o de las comunidades autónomas, hospitales, etc. Hay muchísimos productos de CJ que pueden formar parte de la oferta cotidiana de estos comedores que funcionan a través de los impuestos de los ciudadanos y a los administradores de los cuales, por esta razón, se les puede pedir que utilicen productos justos. Paralelamente, hay que impulsar la venta de productos de CJ en los distribuidores automáticos y a través del *catering*. En este sentido la experiencia del restaurante y proveedor de *catering* de CJ "Subiendo al Sur" de Madrid, es muy llamativa[11]; 2) *aprovechar la coyuntura nacional favorable* en ámbito de cooperación al desarrollo para ligar la ayuda al desarrollo a proyectos productivos de CJ y para obtener más recursos para la sensibilización a nivel nacional, medio a través del cual impulsar el cambio de mentalidad del cual hablaba al principio; 3) impulsar las prácticas de los *bancos éticos* a través de los cuales invertir en proyectos sostenibles, también de CJ, gracias a los ahorros de los ciudadanos que de esta manera, además de ser consumidores responsables, se convierten en ahorristas responsables. Sobre todo en España, donde la comunidad de migrantes provenientes de América Latina es muy fuerte, los bancos éticos, como ya dije antes, deberían empezar a plantearse cómo actuar con las remesas, en un momento en el cual todavía no queda muy claro qué hacer al respecto, aunque sí quede claro que las remesas tienen un enorme potencial para el DES de la región latinoamericana.

En este escenario el movimiento español de CJ, a mi juicio, se encuentra en una posición favorable, porque en España el CJ es un mercado todavía en crecimiento y falta mucho por hacer. Todavía se registra un bajo nivel de conocimiento de sus dinámicas entre los ciudadanos, poca diversificación en los productos y una escasa colaboración entre las organizaciones profundamente divididas en los dos grupos que presenté en el capítulo 2. Además, todavía faltan buenos trabajos de evaluación de impacto del CJ en los países del Sur, que son indispensables para entender hacia dónde tiene que dirigirse este movimiento. A pesar de estos aspectos negativos, los ciudadanos españoles que ya compran en las tiendas solidarias demuestran (como se puede apreciar en el trabajo de Sodepaz) un alto grado de confianza en las organizaciones de CJ y sobre todo están muy satisfechos con la calidad de los productos. Esta confianza también se refleja en el número de voluntarios que se acercan a estas organizaciones y que, cada día más, quieren conocer y apoyar a los objetivos de este movimiento.

Por éstas y otras razones, como dije antes, hay que aprovechar la coyuntura utilizando todos los canales posibles para que el CJ se convierta en una práctica cotidiana de consumo. En este sentido hay que desarrollar un fuerte trabajo de *lobby* con las instituciones públicas locales y nacionales. La última legislatura del PSOE ha dado muchas señales de creer en la gran importancia de la cooperación internacional y muy probablemente en esta segunda legislatura se alcanzará el objetivo del 0,7 por ciento del PIB. La Coordinadora Estatal de Comercio Justo y el Espacio de Comercio Justo deberían desarrollar una estrategia común de cara al nuevo Plan Director de la Cooperación Española (y a los futuros planes) para que la ayuda al desarrollo se dirija más hacia los proyectos de CJ que, como hemos visto, abarcan muchos temas de manera transversal y comprometen los socios locales a una real participación en el DES de sus comunidades. Además, los proyectos de CJ se pueden llevar a cabo más fácilmente en países de renta media, como la mayoría de los latinoamericanos. En gran parte de los países africanos, donde todavía se vive en situaciones de extrema pobreza, la AOD debe seguir apostando por la lucha a la pobreza, persiguiendo naturalmente otras prioridades más básicas. Pero, a mi juicio, en América Latina ya ha llegado el momento de replantearse el tipo de ayuda más hacia tipos de proyectos de desarrollo sostenible que a medio y largo plazo pueden ser llevados a cabo, concretamente por los mismos latinoamericanos, como se está dando en el caso del CJ.

El crecimiento del CJ a través de las políticas de cooperación al desarrollo es seguramente la vía más fácil, pero hemos visto cómo el movimiento del CJ toca muchos ámbitos de nuestras vidas, macros y micros. Es fundamental mejorar las campañas a nivel mundial para el cambio de las reglas del comercio internacional: en este sentido las relaciones entre las sociedades civiles euro-latinoamericanas pueden representar una buena base para empezar a vivir el cambio, sobre todo si pensamos que en los foros sociales mundiales los más activos son justamente los europeos y los latinoamericanos. Entonces, ¿qué hacer? ¿Cómo apostar por un modelo que garantice también a los países del Sur condiciones económicas dignas y seguridad alimentaria? Según el necesario cambio de mentalidad, esta pregunta puede ser formulada de otras maneras: ¿seguiremos nosotros europeos con estos niveles de vida? ¿Podríamos aceptar bajar nuestros niveles de vida si ello asegurara una mejora de los niveles de vida de aquellos que ahora viven en condiciones de pobreza o de indigencia? ¿Seguiremos gastándonos dinero en productos superfluos exigiendo después bajos precios en los alimentos u otros productos básicos? ¿A qué estamos dispuestos a renunciar para bajar nuestros niveles de vida? ¿Estaríamos dispuestos a pagar más por un producto europeo no subvencionado o por un producto latinoamericano que no se produce en nuestras tierras?

Quien participa activamente en el movimiento de CJ sabe que, también a través de prácticas de consumo responsable, este cambio de mentalidad desde abajo es posible. Reflexionar atentamente sobre el consumo de cada día nos ayudará a pensar de dónde vienen ciertos productos, si se producen en nuestro continente, en qué condiciones de trabajo se producen, si los campesinos latinoamericanos tienen suficiente tierra para vivir dignamente y suficientes recursos para cultivarla, si tienen derecho a crear un sindicato, etc. Y nos ayudarían a pensar si estos trabajadores tienen derecho a una vida normal o a tener hijos, porque muchos de ellos estos derechos no los tienen: los bananeros de Centroamérica están obligados a trabajar en las plantaciones mientras que los aviones (de la transnacional de turno) les echan encima herbicidas tóxicos que destruyen los pulmones y reducen drásticamente la fertilidad de los hombres. Todas estas condiciones de trabajo, ¿para qué? Simplemente para reducir al máximo los gastos de producción, exportar a los mercados del Norte un producto perfecto (curvo y amarillo como lo requieren Chiquita, Del Monte o Dole) y barato. ¿Estaríamos nosotros europeos dispuestos a aceptar tales condiciones de trabajo? Yo creo que no... ¿Entonces por qué deberían aceptarlas los campesinos latinoamericanos? Nos dicen que si estos productos costaran más no obtendrían mercado y las consecuencias para los pequeños productores serían aún peores. Pero, ¿quién nos acostumbró al hecho de que comprar plátanos en un supermercado del Norte nos sale tan barato? ¿Por qué tiene que ser tan barato un producto que no producimos en Europa? Además de en las Canarias, ¿dónde se producen plátanos en Europa?

El precio más alto o más justo que proporciona el CJ nos ayuda a reflexionar sobre estas contradicciones: por un lado queremos un producto barato y por el otro queremos defender los derechos humanos; queremos luchar contra la pobreza pero al mismo tiempo no queremos renunciar a nuestros niveles de riqueza. ¿Es todo ello sostenible? ¿Vamos a poder garantizar a 6 mil millones de seres humanos nuestros niveles de consumo? ¿Pueden 6 mil millones de individuos consumir como lo que consume un europeo de clase media (por no hablar de uno rico)? Tener un coche, un móvil, un piso (no compartido), un nevera siempre llena, un DVD, un televisor, un ordenador, Internet, poder viajar a bajo coste para el bolsillo y a alto coste para el medio ambiente, poder entrar en un supermercado y llenar el carro de la compra, poder comprar un mueble a bajo coste y saber que dentro de un año hay que cambiarlo por otro aún más barato... Luchar contra la pobreza o contra la desigualdad, ¿tiene que significar todo esto?

El movimiento del CJ es, a mi juicio, muy innovador porque nos pone de frente a lo que de verdad rige la economía mundial: el consumo. Es por esta razón que el CJ puede representar un interesante mesa de encuentro en la creación de aquella *global partnership for development* de la cual se habla en el octavo de los ODM. En las organizaciones de CJ se juntan diferentes tipos de organizaciones (ONG, cooperativas, asociaciones), diferentes tipos de trabajo (asalariado, voluntario), diferentes niveles de trabajo (productor, empaquetador, transportista, transformador, comerciantes), diferentes temas (comercio, finanzas, desarrollo, cooperación, educación, turismo, consumo crítico, solidaridad, educación, formación profesional); se trabaja para diferentes *targets* (niños y jóvenes en las escuelas a través del trabajo educativo y de sensibilización; adultos y ancianos a través de sensibilización, información y de las ventas), para diferentes objetivos, aunque todos vinculados al DES de los países del Sur, y para un tipo de relaciones más éticas, críticas y responsables en el Norte; por todas estas razones pueden acercarse fácilmente a diversos actores de la sociedad (otras ONG, instituciones públicas, empresas privadas, consumidores) y generar un amplio consenso para empezar a cambiar las reglas del juego. Pero, sobre todo, dado que nos llama a reflexionar sobre el consumo, el CJ tiene la capacidad de pasar la pelota a cada uno de nosotros que, aunque deberíamos ser principalmente ciudadanos, a menudo somos vistos simplemente como consumidores. Entonces, ¿por qué no utilizar el poder de ser consumidores para cambiar las cosas?

Además del papel del consumidor, a través del ejemplo de "Tejer el Futuro", hemos visto cómo la SC organizada puede "tejer" relaciones entre dos continentes como Europa y América Latina y llegar a ser una estrategia de cooperación quizá más concreta, más eficiente y más llamativa, sobre todo porque requiere de un gran esfuerzo de todos los actores en juego, que de esta manera no se quedan pasivos esperando soluciones paliativas a un problema estructural. La voluntad de trabajar es el elemento común a todos los actores de esta cadena textil y es también el motor que sigue girando, que sigue manteniendo despiertos y vivos a los más excluidos por el sistema económico y político. Un cartonero porteño podría quizá ganarse la vida pidiendo limosnas por la calle, pero en realidad le mueve algo más: un deseo de cambiar personalmente su situación, trabajando y sin que alguien tenga que hacerlo por él.

El CJ tiene este componente que lo diferencia de la simple ayuda al desarrollo: comerciar con justicia significa pagarle un justo precio al trabajador del Sur, permitirle trabajar en condiciones humanas y llevar a cabo una vida digna y al mismo tiempo construir con él una relación comercial duradera, solidaria, de respeto recíproco y que tenga efectos positivos para toda su comunidad... y la nuestra.

NOTAS

1. Pierre W. Johnson (2001): "Propuestas para el desarrollo de un comercio justo", *Serie Socioeconomía Solidaria, Cuadernos de Propuestas por el siglo XXI*, Ediciones Charles Leopold Mayer, www.alliance21.org, 16.
2. Ibídem, pág. 25.
3. Clara Caselli; Stefania Mitiga y Laura Jongejans (2006): *El desafío del comercio justo en América Latina. El caso del sector artesanal*, Fondo Editorial de la Universidad Católica Sedes Sapientiae, Lima, 19.
4. Fundación Eroski (2007): Barómetro de Consumo 2007, http://barometro.fundacioneroski.es/2007
5. Ana Germani (2006): "Comercio justo y sociedad civil. Los desafíos del comercio justo en las relaciones Unión Europea América Latina", Observatorio de las Relaciones Unión Europea-América Latina (background papers), http://www.obreal.unibo.it, 16.
6. Caselli, Mitiga, Jongejans (2006: 71).
7. Véase: "Síntesis de la mesa redonda y de los talleres sobre comercio justo, consumo ético y cooperativismo", en http://fairtrade.socioeco.org/es/documents.php
8. Traducción propia de: Ana Isabel Otero, *À la recherche d'un commerce équitable Sud-Sud: quelles opportunités?*, en http://fairtrade.socioeco.org/es/documents.php
9. SETEM (ed.)-AECI (col.) (2006): *El comercio justo en España 2006*, SETEM-Icaria editorial, Madrid, 18.
10. Parlamento Europeo (2006): "Resolución sobre comercio justo y desarrollo", (2005/2245(INI)), Bruselas.
11. Página web de "Subiendo al Sur": www.subiendoalsur.org

BIBLIOGRAFÍA

II Encuentro de la Sociedad Civil Organizada de Europa, América Latina y Caribe (2002): *Declaración de Madrid*, 19 de abril de 2002, Madrid, en "Organised Civil Society. Europe, Latin America and the Carribean", EESC Pamplhet Series, Office for Official Publications of the European Communities, Bélgica, 2003.

III Encuentro de la Sociedad Civil Organizada de Europa, América Latina y Caribe (2004): *Declaración final*, 15 de Abril de 2004, Guadalajara México, www.eesc.europa.eu/sections/rex/la/documents/Final-declaration-Mexico-2004-es.pdf

IV Encuentro de la Sociedad Civil Organizada de Europa, América Latina y Caribe (2006): *Declaración final*, 4 de abril de 2006, Viena, Austria, www.eesc.europa.eu/sections/rex/la/documents/final-declaration-vienna-2006-es.pdf

V Encuentro de la Sociedad Civil Organizada de Europa, América Latina y Caribe (2008): *Declaración final*, 18 de abril de 2008, Lima, Perú, http://ec.europa.eu/external_relations/lac/events/civil_society/conclusions_es.pdf

I Foro Euro-Latinoamericano-Caribeño de la Sociedad Civil (2002): *Declaración ante la II Cumbre de Jefes de Estado y de Gobierno Unión Europea-América Latina y el Caribe*, 5 de Abril de 2002, Alcobendas, Madrid, España, www.alop.or.cr/trabajo/nuestro_proyectos/union_europa/foros/alcobendasdeclaracion.doc

II Foro Euro-Latinoamericano-Caribeño de la Sociedad Civil (2004): *Declaración ante la III Cumbre de Jefes de Estado y de Gobierno de la Unión Europea, América Latina y el Caribe*, 26 de marzo de 2004, Pátzcuaro, Michoacán, México, www.netico-op.org.uy/article571.html

III Foro Euro-Latinoamericano-Caribeño de la Sociedad Civil (2006): *Declaración de Viena Ante la IV Cumbre de Jefes de Estado y de Gobierno de la Unión Europea, América Latina y el Caribe*, 1 de abril de 2006, Viena, Austria, www.alop.or.cr/trabajo/nuestro_proyectos/union_europa/foros/foro2005/20060412IIIForo_DeclaracionFinalpor ciento5B3por ciento5D.pdf

IV Foro Euro-Latinoamericano-Caribeño de la Sociedad Civil (2008): *Declaración de Lima*, 1 de abril de 2008, Lima, Perú, www.aciamericas.coop/IMG/pdf_DeclaracionLima.pdf

AA. VV. (2005): *Participación de la sociedad civil en las negociaciones del Acuerdo de Asociación UE-CAN*, 25 de mayo de 2007, Lima, Perú www.cepes.org.pe/Red-GE/docs/Prop_SC_AdApor ciento20UE-CAN_25 Mayo7.pdf

AA. VV. (2006): *La Reforma de la Política Agraria Común: preguntas y respuestas en torno al futuro de la agricultura*, EUMEDIA-Ministerio de Agricultura, Pesca y Alimentación de España, Madrid.

AECID (2005): *Plan Director de la Agencia Española de Cooperación Internacional para el Desarrollo 2005-2008*, www.aecid.es/03coop/6public_docs/2seci/2doc_coop_esp/ftp/Plan_Director_Esp.pdf

ALEMANY, Cecilia (2007): "Mecanismos de diálogo Unión Europea-América Latina", en *¿Sirve el diálogo político entre la Unión Europea y América Latina?*, Fundación Carolina-CeALCI, septiembre, Madrid.

BALBIS, Jorge (2000): "La Participación de la Sociedad Civil en el proceso de Integración del Mercosur", en *La Sociedad Civil del Mercosur y Chile en la Asociación con la Unión Europea*, CELARE, Santiago de Chile, http://celare.cl/cms/archivos/publicaciones/Sociedadcivil.pdf

BANCO INTERAMERICANO DE DESARROLLO (BID) (2004): *Los objetivos de desarrollo del milenio en América Latina y el Caribe: retos, acciones y compromisos*, Washington D.C., Estados Unidos. www.eclac.org/mdg/docs/IADBPublicDoc.pdf

BANCO MUNDIAL (2001): *Global Economic Prospects and the Developing Countries 2002*, Banco Mundial, Washington.

BOLETÍN SOMOS MERCOSUR (2007): *Organizaciones de la sociedad civil evaluaron situación del proceso de integración junto a las máximas autoridades del bloque*, www.somosmercosur.org/?q=es/node/538

CANTOS, Eduard (1998): *El porqué del comercio justo*, Icaria, Barcelona.

CARRAZO, F.; FERNÁNDEZ, R. y VERDÚ, J. (2006): *El rompecabezas de la equidad*, Icaria, Barcelona.

CASELLI, Clara; MITICA, Stefania y JONGEJANS, Laura (2006): *El desafío del comercio justo en América Latina. El caso del sector artesanal*, Fondo Editorial de la Universidad Católica Sedes Sapientiae, Lima, Perú.

CC-SICA (2007): *Propuestas para la negociación del Acuerdo de Asociación Europa Centroamérica, desde la Sociedad Civil Centroamericana*, Honduras, Tegucigalpa, Marzo del 2007, www.ccsica.org/docconsulta/resultadossegundoforosociedadcivilueca.pdf

CEPAL (2007): *Panorama social de América Latina 2007*, Santiago de Chile, versión no editada disponible en la página web de la CEPAL, www.eclac.cl/cgi-bin/getProd.asp?xml=/publicaciones/xml/5/30305/P30305.xml&xsl=/dds/tpl/p9f.xsl&base=/tpl/top-bottom.xsl

— (2007b): *Cohesión Social. Inclusión y sentido de pertenencia en América Latina y el Caribe*, Naciones Unidas – CEPAL, Santiago de Chile, enero, www.eclac.cl/publicaciones/xml/4/27814/Cohesionpor ciento20socialV4.pdf

— (2007c): *La Integración Económica en América Latina y el Caribe: en busca de la complementariedad y la convergencia*, en "Panorama de la Inserción Internacional de América Latina y el Caribe 2006. Tendencias 2007", Santiago de Chile, www.eclac.org/publicaciones/xml/6/29526/Capitulo_IV.pdf

CEP, COR, GRESP (2004): *Comercio justo, consumo ético, marco conceptual y experiencias en curso. Memoria del Encuentro Latinoamericano Norte-Sur*, Lima, Perú, junio.

CNCPS-CONSEJO NACIONAL DE COORDINACIÓN DE POLÍTICAS SOCIALES (2007): *Objetivos de Desarrollo del Milenio. Informe País 2007*, Argentina, octubre, www.undp.org.ar/docs/ODM 2007.pdf

COMISIÓN EUROPEA (1999): *Comunicación al Consejo relativa al "comercio justo"*, COM(1999)619 final, Bruselas, Bélgica, 29 de noviembre, http://eur-lex.europa.eu/LexUriServ/LexUriServ.do?uri=CELEX:51999DC0619:ES:HTML

— (2006), *Una asociación reforzada entre la Unión Europea y América Latina. Comunicación de la Comisión al Consejo y al Parlamento Europeo*, Bruselas, Bélgica, http://ec.europa.eu/external_relations/la/doc/com05_636_es.pdf

— (2006b): *Documento de Programación Regional, América Latina 2007-2013*, Bruselas, Bélgica, http://ec.europa.eu/external_relations/la/rsp/07_13_es.pdf

COMITÉ ECONÓMICO Y SOCIAL EUROPEO (1996): "Dictamen sobre el 'Movimiento a favor de una marca de *fair trade* europea'", Diario Oficial de las Comunidades Europeas N° C 204, Bruselas, Bélgica, 24 de abril, http://eur-lex.europa.eu/LexUriServ/LexUriServ.do?uri=CELEX:51996IE0538:ES:HTML

CONGDE (2000): *Entre el libre comercio y el comercio justo: las relaciones económicas entre la Unión Europea y los países del Sur*, Coordinadora de ONG para el Desarrollo-España, Madrid.

CORPORACIÓN LATINOBARÓMETRO (2005): *Informe Latinobarómetro 2005*, Santiago de Chile, www.latinobarometro.org

COTERA FRETEL, Alfonso (2005): *Primer Encuentro Emprendedor de Economía Solidaria y Comercio Justo de Latinoamérica*, Polo de Socio-Economía Solidaria (PSES), http://fairtrade.socioeco.org/es/index.php

CTM ALTROMERCATO (2006): *Cotone sulla pelle*, Collana: I dossier di Ctm Altromercato, Verona, Italia.

CUMBRE ALC-UE (1999): *The Rio Summit*, 29 de junio, Río de Janeiro, Brasil, http://ec.europa.eu/world/lac/docs/rio/rio_1999.pdf

— (2002): *Compromiso de Madrid*, 17 de mayo, Madrid, España, http://ec.europa.eu/world/lac/docs/madrid/dec_02_es.pdf

— (2004): *Declaración de Guadalajara*, 29 de mayo, Guadalajara, México, http://ec.europa.eu/world/lac/docs/guadal/decl_polit_final_es.pdf

— (2006): *Declaración de Viena*, 12 de mayo, Viena, Austria, http://ec.europa.eu/world/lac/docs/vienna/declaration_es.pdf

— (2008): *Declaración de Lima*, 16 de mayo, Lima, Perú, www.vcumbrealcue.org/website/downloads/declaracion/declaracion_lima.pdf

CUMBRE SEGURIDAD ALIMENTARIA (2008): *Declaración: Cumbre Presidencial, "Soberanía y Seguridad Alimentaria: alimentos para la vida"*, 7 de mayo, Managua, Nicaragua, www.presidencia.gob.ni/docs/2008/Mayo/070508_CumbreAlimentos_1.pdf

DUNKERS, Cora (2004): *Las normas sociales y ambientales, la certificación y el etiquetado de cultivos comerciales*, Departamento Económico y Social de la FAO, Roma, Italia, www.fao.org/docrep/008/y5136s/y5136s06.html

EEESCJAL-ENCUENTRO EMPRENDEDOR DE ECONOMÍA SOLIDARIA Y COMERCIO JUSTO EN AMÉRICA LATINA (2005): *Declaración de Cochabamba*, 13-15 de septiembre, Cochabamba, Bolivia, www.economiasolidaria.org/files/dakar2005/cochabamba.pdf

EFTA (2007): *Annual Report 2006*, European Fair Trade Association, Países Bajos, junio, www.european-fair-trade-association.org/Efta/Doc/report2006.pdf

ENCUENTRO EMPRENDEDOR DE ECONOMÍA SOLIDARIA Y COMERCIO JUSTO EN AMÉRICA LATINA (2005): *Declaración de Cochabamba*, 15 de septiembre, Cochabamba, Bolivia, www.cancilleria.gov.ar/seree/1.pdf

EUFORIC (2006): *Por acuerdos justos. Manifiesto de organizaciones de la sociedad civil de Europa, Centroamérica y de la Región Andina sobre las futuras negociaciones de Acuerdos de Asociación con Centroamérica y Comunidad Andina*, Europe's Forum on International Cooperation, marzo, www.euforic.org/manifiesto

EUROBAROMETER (1997): *Attitudes of EU consumers to Fair Trade Bananas*, European Commission, Directorate-General for Agriculture (DGVI), Bruselas, Bélgica, diciembre, www.ec.europa.eu/public_opinion/archives/ebs/ebs_116_en.pdf

FAIRTRADE FOUNDATION (2004): *Justino Peck, a case study of a cacao farmer in Southern Belice*, Londres, www.fairtrade.org.uk/producers/cacao/toledo_cacao_growers_association_belize/justino_peck.aspx

FAO (2004a): *Notas técnicas de la FAO sobre políticas comerciales, nº 3. Banano: ¿Existe un régimen exclusivamente arancelario equivalente a un régimen de contingentes? Enseñanzas de análisis económicos*, FAO, Roma, Italia, octubre, ftp://ftp.fao.org/docrep/fao/007/j5022s/j5022s00.pdf

— (2004b): *Informes de FAO sobre las políticas comerciales, nº 3 bananos: Consecuencias de la reforma arancelaria de la UE en los productores*, FAO, Roma, Italia, octubre, ftp://ftp.fao.org/docrep/fao/007/j5022s/j5022s01.pdf

FERSAINZ, Rodrigo (2005): "El Senado también beberá café procedente del comercio justo", *El Mundo*, www.elmundo.es/elmundo/2005/05/16/solidaridad/1116258683.html

FINE (2001): *Fair Trade Definition and Principles as agreed by FINE in December 2001*, Fair Trade Advocacy Office, Bruselas, www.fairtrade-advocacy.org/documents/FAIRTRADEDEFINITIONnewlayout2.pdf

— (2005): *Fair Trade in Europe 2005*, The Fair Trade Advocacy Office, Bruselas, Bélgica, diciembre, www.fairtrade.net/uploads/media/FairTradeinEurope2005.pdf

FLO (2007): *Shaping Global Partnerships. Anual Report 2006/2007*, FLO INTERNATIONAL E. V., Bonn, Alemania, www.fairtrade.net/uploads/media/FLO_AR2007_low_res.pdf

FORO ALC-UE SOBRE CS (2007): *Conclusiones y Recomendaciones*, Santiago de Chile, 23-25 septiembre, http://ec.europa.eu/external_relations/la/doc/07_conclusions_es.pdf

FORO SOCIAL EUROPEO DE ATENAS (FSE, 2006): *Declaración de la asamblea de los movimientos sociales del IV Forum Social Europeo*, Atenas, 7 de mayo, http://athens.fse-esf.org/workgroups/press-office/declaration-of-the-assembly-of-the-movements-of-the-4th-european-social-forum

FORO SOCIAL MUNDIAL (2003): *Síntesis de la mesa redonda y de los talleres sobre comercio justo, consumo ético y cooperativismo*, "Taller de Comercio Justo del Polo Socioeconomía de Solidaridad de la Alianza por un mundo responsable, plural y solidario junto" y "Engagement citoyen dans l'économie", http://fairtrade.socioeco.org/es/documents.php

FRERES, Christian (coord.) (1998): *La cooperación de las sociedades civiles de la Unión Europea con América Latina*, Asociación de Investigación y Especialización sobre Temas Iberoamericanos (AIETI), Madrid.

FRERES, Christian (2004): "¿De las declaraciones a la asociación birregional?", en *Relaciones América Latina y Caribe-Unión Europea I*, Nueva Sociedad 189, enero-febrero, www.nuso.org/upload/anexos/foro_199.pdf

FRERES, Christian y SANAHUJA, José Antonio (2005): *Perspectivas de las Relaciones Unión Europea- América Latina. Hacia una Nueva Estrategia*, ICEI, Universidad Complutense de Madrid – Comisión Europea, Madrid, 14 de noviembre, http://ec.europa.eu/external_relations/la/doc/project_i2_es_2004.pdf

FUNDACIÓN EROSKI (2007): Barómetro de Consumo 2007, http://barometro.fundacioneroski.es/2007

GATT (1947): *General Agreement on Tariffs and Trade*, www.OMC.org/english/tratop_e/gatt_e/gatt_e.htm

GERMANI, Ana (2006): *Comercio justo y sociedad civil. Los desafíos del comercio justo en las relaciones Unión Europea América Latina*, Observatorio de las Relaciones Unión Europea-América Latina (background papers), www.obreal.unibo.it/Publications.aspx?IdPublication=67

GREEN GROVE CONSULTING (2007): *Consultancy entitled: Characteristics of the Cocoa Supply Chain in Belize and Diagnosis of Cooperation Among Stakeholders*, Yemeri Grove, Toledo District, Belice.

HA-JOON CHANG (2002): *Retirar la escalera. La estrategia del desarrollo en perspectiva histórica*, IUDC-ICEI-Los Libros de la Catarata, 2004; traducción de Mónica Salomón del original *Kicking Away the ladder. Development strategy in historical perspective*, Wimbledon Publishing Company Limited, 2002.

INTERMÓN OXFAM (2002a): *La hipocresía de Europa*, www.fongdcam.org/uploads/docsInteres/comercio_justo/AR

TICULOSporciento20Ypor ciento20DOCUMENTOSporciento20DE porciento20REFERENCIAporciento20def/CONCEPTOporciento20CI /Comoporciento20funcionaporciento20elporciento20sistema/11-Hipocresia_Europa_oxfam.pdf
— (2002b): *La necesidad de ser coherentes, Reforma de la PAC y PED*, www.intermonoxfam.org/cms/HTM L/espanol/520/necesidad_coherentes_reforma_PAC.pdf
— (2002c): *El gran timo europeo del azúcar*, www.oxfam.org/es/files/dc_0902_sug ar.pdf
— (2003): *La ronda del desarrollo de Doha, Un camino hacia delante*, www.intermonoxfam.org/cms/HTM L/espanol/520/doha.pdf
— (2004): *Azúcar amargo, cómo la política sobre azúcar de la UE perjudica a los países pobres*, www.intermonoxfam.org/UnidadesInformacion/ane xos/2993/0_2993_140404_azucar_a margo.pdf
— (2005): *¿El fin del dumping del azúcar europeo?*, www.intermonoxfam.org/ UnidadesInformacion/anexos/2967/0_2967_260405_fin_dumping_azucar_europeo.pdf
JOHNSON, Pierre W. (2001): "Propuestas para el desarrollo de un comercio justo", en "Serie Socioeconomía Solidaria", *Cuadernos de Propuestas por el siglo XXI*, Ediciones Charles Leopold Mayer, www.alliance21.org/2003/article.php3?id_article=539
LECHNER, Norbert (1994): "La (problemática) invocación de la Sociedad Civil", en *Perfiles Latinoamericanos*, nº 5, diciembre, Facultad Latinoamericana de Ciencias Sociales, Distrito Federal, México, http://redalyc.uaemex.mx/redalyc/pdf/115/11500507. pdf
LITVINOFF, Miles (2005): *Vinos Los Robles, Chile: una bodega que trabaja por el bien de todos*, FLO-International, www.fairtrade.net/vinos_los_robies_c hile.html?&L=1
MONTAGUT, Xavier (2004): *¿Comercio justo en McDonald?*, www.xarxaconsum.org/eventos/comerciopor ciento20justopor ciento20McDonald.htm
MONTAGUT, Xavier y VIVAS, Esther (2006): *¿Adónde va el comercio justo?*, Icaria, Barcelona.
MURRAY, Douglas; RAYNOLDS, Laura T. y LEIGH, Peter (2003): *Una taza a la vez: La paliación de la pobreza y el café del comercio alternativo en Latino América*, Fair Trade Reserch Group, Colorado State University, marzo, www.colostate.edu/Dept./Sociology/FairTradeResearchGroup
NACIONES UNIDAS (2005): *Objetivos de Desarrollo del Milenio: una mirada desde América Latina y el Caribe*, Santiago de Chile, 2005 [http://www. eclac.cl/publicaciones/xml/1/21541/ lcg2331e.pdf (página web consultada por última vez en fecha 26/05/2008).
NATANSON, José (2002): "En La Matanza, uno de cada 4 bebés nace desnutrido", en *Página 12*, 21 de abril, Argentina, www.pagina12.com.ar/diario/elpais/1 -4243-2002-04-21.html
OCDE (2003): *OECD Agricultural Policies in OECD Countries: monitoring and evaluation 2003*, OCDE, París.
— (2004): *OECD Agricultural Policies 2004. At a glance*, OCDE, París, www.oecd.org/dataoecd/63/54/320 34202.pdf
OTERO, Ana Isabel (2007): *À la recherche d'un commerce équitable Sud-Sud: quelles opportunités?*, Foro Social Mundial de Nairobi, enero, http://fairtrade.socioeco.org/es/do cuments.php
OXFAM INTERNATIONAL (2002): *Cambiar las reglas: comercio, globalización y lucha contra la pobreza*, edición en castellano por Intermón Oxfam, Barcelona, www.maketradefair.org/es/assets/es panol/cambiarreglas.pdf
PARLAMENTO EUROPEO (1991): *Informe sobre la posibilidad de convertir el consumo de café en el seno de las instituciones comunitarias es una actividad de apoyo a los pequeños productores de café en el Tercer Mundo*, Ponente: Sra. Van Putten, Bruselas, Bélgica, 19 de septiembre.

— (1991b): *Resolución sobre el consumo de café como actividad de apoyo a los pequeños productores de café en el Tercer Mundo y la introducción de este café en el seno de las instituciones comunitarias*, Diario Oficial de las Comunidades Europeas n° C 280, Bruselas, Bélgica.
— (1994): *Resolución sobre un comercio justo y solidario entre el Norte y el Sur*, Diario Oficial de las Comunidades Europeas n° C 44, Bruselas, Bélgica.
— (1997): *Resolución sobre el etiquetado social*, Bruselas, Bélgica, www.europarl.europa.eu/pv2/pv2?PRG=CALDOC&TPV=DEF&FILE=970515&TXTLST=6&POS=1&LASTCHAP=1&SDOCTA=10&Type_Doc=RESOL&LANGUE=ES
— (1998): *Resolución sobre comercio justo*, Diario Oficial de las Comunidades Europeas n° C 226, Bruselas, Bélgica, http://eur-lex.europa.eu/LexUriServ/LexUriServ.do?uri=CELEX:51998IP0198(01):ES:HTML
— (2006): *Resolución sobre comercio justo y desarrollo*, (2005/2245(INI)), Bruselas, Bélgica, http://www.europarl.europa.eu/sides/getDoc.do?pubRef=-//EP//NONSGML+TA+P6-TA-2006-0320+0+DOC+PDF+V0//ES
PÉREZ-DÍAZ, Víctor (1997): *La esfera pública y la sociedad civil*, Santillana, S.A. Taurus, Madrid.
PERTILE, Viviana Claudia (2003): *Ampliación de la frontera agropecuaria chaqueña: el oeste chaqueño y el cultivo algodonero*, Universidad Nacional del Nordeste, Resistencia-Chaco-Argentina, http://hum.unne.edu.ar/revistas/geoweb/Geo1/contenid/fronter1.htm
PNUD (2005): *Informe de Desarrollo Humano. La cooperación internacional ante una encrucijada, ayuda al desarrollo, comercio y seguridad en un mundo desigual*, Ediciones Mundi-Prensa, Estados Unidos, Nueva York, http://hdr.undp.org/en/media/hdr05_sp_complete.pdf
RED "ENLAZANDO ALTERNATIVAS" (2004): *Pronunciamiento social de Guadalajara, frente a la Cumbre Unión Europea-América Latina y el Caribe. Los derechos de los pueblos están primero*, Guadalajara, México, 28 de mayo, www.enlazandoalternativas.org/spip.php?article68
— (2006): *Declaración Final*, Viena, Austria, 13 de mayo, www.enlazandoalternativas.org/spip.php?article30
— (2008): *Declaración Final*, Lima, Perú, 16 de mayo, www.enlazandoalternativas.org/spip.php?article194
RHEBERGEN, Peter (2006): *En Perú, el sector bananero elige el desarrollo sostenible*, FLO-International, www.fairtrade.net/appbosa_peru.html?&L=1
RONCHI, Loraine (2002): *The impact of Fair Trade on Producers and their Organizations: a case study with COOCAFÉ in Costa Rica*, Poverty Research Unit at Sussex, University of Sussex, Falmer, Brighton, junio, www.sussex.ac.uk/Units/PRU/wps/wp11.pdf
SEGUNDA CUMBRE DE LOS PUEBLOS DE AMÉRICA (CPA, 2001): Declaración Final, Quebec, Canadá, 19 de abril, www.cumbredelospueblos.org/imprimir.php3?id_article=33
SEN, Amartya (1999): *Desarrollo y Libertad* (título original: *Development as Freedom*, editor Alfred A. Knopf, Inc.), edición española: Editorial Planeta, Barcelona, 2000.
SETEM (ed.)-AECI (col.) (2006): *El comercio justo en España 2006*, Madrid, SETEM, Icaria editorial, www.setem.org/madrid/publicaciones/archivos/ElCJenEsp2006.pdf
SETEM (2007): *Objetivos del Milenio: ¿Algo más que palabras?*, en "La Revista Setem", otoño, Madrid, http://madrid.setem.org/generales.php?id=16&ids=36&lg=es
SETEM Catalunya (2005): *La Asociación del El Sello de Productos de Comercio Justo llega a España*, en Boletín "El buen café es bueno para todos", n° 12, www.buencafe.org
— (2005a): *Víctor Pérezgrovas, presidente de la CLAC*, en Boletín "El buen café es

bueno para todos", nº 13, www.buencafe.org
— (2006): *Apecafé, CafeNica y Compras hablan de su colaboración con Setem Catalunya*, en Boletín "El buen café es bueno para todos", núm. 14, octubre de 2007, www.buencafe.org
— (2007): *Comercio justo, un mercado en expansión*, en Boletín "El buen café es bueno para todos", nº 20, www.buencafe.org
SHAFAEDDIN, Mehdi (2000): *Free Trade or Fair Trade?*, UNCTAD, Ginebra, Suiza, www.unctad.org/en/docs/dp_153.en.pdf
SORJ, Bernardo (2007): "¿Pueden las ONG reemplazar al Estado? Sociedad civil y Estado en América Latina", en *Nueva Sociedad*, nº 210, julio-agosto, www.nuso.org/upload/articulos/3445_1.pdf
SOUTH CENTRE (2006): *Suspensión de las negociaciones del programa de Doha para el desarrollo de la OMC: escenarios e identificación de puntos de presión para los PED*, Ginebra, Suiza, www.southcentre.org/info/Analysis/SC_TDP_AN_CC_3_SuspesionOfTheRoundOCT2006_ES.pdf
— (2006b): *La suspensión de las negociaciones de Doha sitúa los vínculos Sur-Sur en el centro de la escena*, Ginebra, Suiza, www.southcentre.org/doha-round-suspensed-SouthCentre_ES.pdf
STEINBERG, Federico (2008): "La Ronda de Doha", en *Foreign Policy* edición en español, febrero-marzo, www.fp-es.org/la-ronda-doha
STIGLITZ, Joseph E. y CHARLTON, Andrew (2005): *Commercio Equo per tutti. Come gli scambi possono promuovere lo sviluppo* (título original: *Fair Trade for All*, Oxford University Press, 2005), Garzanti Libri, Milán.
UNDP (1997): *Human Development Report 1997*, Oxford University Press, Nueva York, http://hdr.undp.org/en/media/hdr_1997_en.pdf
VIVA, Esther (2007): "En el comercio justo no todo vale", en *Periódico Diagonal*, número 47, 1 febrero-14 febrero, http://diagonalperiodico.net/article3043.html
VIZCARRA K., Gastón (2002): *El comercio justo: una alternativa para la Agroindustria Rural de América Latina*, FAO-Oficina Regional para América Latina, Santiago, enero, www.rlc.fao.org/es/agricultura/agro/pdf/comerjus.pdf
ZIEGLER, Jean (2006): *Informe del Relator Especial sobre el derecho a la alimentación. Misión a Guatemala*, Consejo Económico y Social-Naciones Unidas, 10 de enero, http://daccessdds.un.org/doc/UNDOC/GEN/G06/103/19/PDF/G0610319.pdf?OpenElement

Documentales

CTM ALTROMERCATO (2006): *La fibra della dignità*, Verona, Italia.

ÚLTIMOS TÍTULOS PUBLICADOS

288. El comercio justo. Una alianza estratégica para el desarrollo de América latina
Marco Coscione

287. Neoliberales, neoconservadores, aznarianos. Ensayos sobre el pensamiento de la derecha lenguaraz
Carlos Taibo

286. Cultura digital y movimientos sociales
Igor Sádaba y Ángel Gordo (coord.)

285. Buenas prácticas en la cooperación para el desarrollo. Rendición de cuentas y transparencia
Juan Manuel Toledano, João Guimarães, Carlos Illán y Vanina Farber

284. Segregados y recluidos. Los palestinos y las amenazas a su seguridad
Rafael Escudero Alday (ed.)

283. Movimientos sociales y relaciones internacionales. La irrupción de un nuevo actor
Enara Echart Muñoz

282. El franquismo y la transición en España. Desmitificación y reconstrucción de la memoria de una época
Damián A. González Madrid (coord.)

281. Suníes y chiíes. Los dos brazos de Alá
Javier Martín

280. Propiedad intelectual. ¿Bienes públicos o mercancías privadas?
Igor Sádaba

279. Las pistas falsas del crimen organizado. Finanzas paralelas y orden internacional
Armando Fernández Steinko

278. El último frente. La resistencia armada antifranquista en España, 1939-1952
Julio Aróstegui y Jorge Marco (eds.)

277. La nueva izquierda en América Latina
Daniel Chavez, César Rodríguez y Patrick Barret (eds.)

276. Gaza. Una cárcel sin techo
Agustín Remesal

275. Darfur. Coordenadas de un desastre
Alberto Masegosa

274. La respuesta pacifista. Conversaciones con miembros israelíes y palestinos de los movimientos por la paz
Miquel Àngel Llauger, Rodrigo del Pozo y Margalida Capellà (eds.)

273. Cuba. La hora de los mameyes
José Manuel Martín Medem

272. 1968. El mundo pudo cambiar de base
Manuel Garí, Jaime Pastor y Miguel Romero (eds.)